杜威

教育即生活

亲历中国丛书

John Dewey

1919

上海辞书出版社

“亲历中国丛书”总序

千年以来,中国一直吸引着全球关注的目光。作为闻名于世的礼仪之邦,自古就以“有朋自远方来,不亦乐乎”的包容心态,接纳过无数来自世界各地的朋友。无论是千年前的零星游客,还是百年来的传教士、学者或者大师,他们先后见证了中国古代的辉煌、近代的落寞和当代的崛起。他们经历了从好奇、探究、兴奋、赞叹,到幻灭、深思的心路历程,最后形成了专业的海外中国学。不知不觉中,这些亲临中国的朋友本身也融入了中国历史的长河。

从五四时代起,有一批文化名人不远万里,亲临中国,足迹遍及大江南北。他们通过讲演、谈话和著述,带来新学说,传播新思想和新观念,让我们不但有幸目睹他们的风采,从而进一步激起了中国人与世界沟通的愿望,并开始思索中国的发展道路。这些来华的文化名人中有美国的杜威,英国的罗素、萧伯纳,印度的泰戈尔,法国的萨特……他们是大师,是世界名人,更是中国人民的朋友。他们多年来关注中国的思想文化的发展,关注中国的历史命运。在我们彷徨不定的时候,他们为我们指点前程;在我们遭受异族侵凌的时候,他们为我们呐喊奔走;在我们取得成绩的时候，他们为我们欣喜鼓掌。他们的到来，本身就是一种热潮、一种力量。他们的每一次来访，都曾在中国产生很大的影响，成为当时的重大文化现象。他们坚定的目光、自信的话语、超人的学识，曾经感动过中国的文化名流，也曾激励过中国一代又一代的热血青年。

是的，他们与中国密不可分。或许他们的观点并不能让所有人接受，但历史会记住他们的真诚。

我们收录这些大师的讲演、著述和谈话，记录他们在华活动的行迹，选录当时及之后的种种评论，试图以此重构这些历史画面。我们愿以此来纪念这些文化名人，以进一步推动中国与世界的文化交流，这就是我们编辑这套“亲历中国丛书”的目的和意义所在。

亲历中国丛书编委会

2014年6月

目录

社会哲学与政治哲学演讲

序　杜威对中国的指点

美国实用主义哲学大师、教育学家杜威，对于我们来说，并不是一个陌生的名字。

在20世纪亲临中国的大家之中，杜威的影响最大，对他的争议也最大。

杜威（John Dewey，1859年10月20日—1952年6月1日），生于美国佛蒙特州柏林顿市附近的一个村庄。1875—1879年在佛蒙特大学求学，后曾任教于中学。1882—1884年在约翰斯·霍普金斯大学攻读哲学博士学位。1884年后，先后在密执安大学、明尼苏达大学、芝加哥大学任教。1899—1900年，担任美国心理学会会长。1902—1904年，担任芝加哥大学教育院院长。1904—1930年，担任哥伦比亚大学哲学教授，并于1930—1939年担任该校荣誉退休教授。1905—1906年担任美国哲学学会会长。曾被授予美国多所大学的哲学博士学位。1952年逝世于纽约。杜威学识渊博，一生著述颇丰。杜威早年接受美国哲学家皮尔斯和詹姆斯的实用主义的理论，后来形成了自己的实用主义体系。

杜威曾于1919年4月30日—1921年8月2日来华访问，共计在中国生活了两年零3个月3天。

邀请杜威访华的，主要是杜威的中国弟子胡適、蒋梦麟、陶行知等。然而，究竟是什么机构出面邀请，历史上有许多不同的说法，但主要是北京大学、尚志学会、新学会、南京高等师范学校，以及江苏、浙江的一些教育会。

杜威本来并没有访华的计划，他于1919年2月至4月，作为"交换教员"，由哥伦比亚大学派往日本东京帝国大学讲学。此时，杜威已经是享誉世界的文化名人。得知杜威访问日本的消息后，原先就有意邀请杜威访华的陶行知等，就一面写信给杜威，一面写信给哥伦比亚大学。杜威来华后，所作讲演备受欢迎，又一再延长访华日程。

杜威到达中国时，正值五四运动前夕，中国知识界极其渴求新知识新学说，因此，杜威所宣传的民主与科学的精神、改良主义的思想以及他的教育理论，极大地影响了中国的知识界。

杜威在中国的演讲次数，数以百计，主要分为两种：一是在北京的系列讲演，二是在全国各地所作的巡回讲演。他在北京的讲演，主要在北京大学法科礼堂和教育部会堂举行，主要由胡適等人任翻译。这些讲演，后来由北京晨报社结集为《杜威五大讲演》出版，后不断重印，成为当时人们争相阅读的畅销书，影响深远。与此同时，他又足迹遍及河北、山西、山东、江苏、江西、湖北、湖南、浙江、福建、广东等省及东北地区，这些巡回讲演的内容也被全文记录下来，并以小册子的形式出版。这些小册子印数之大，难以统计。

据《胡適日记》记载，杜威本不是一个擅长演说的人，但他每次讲演之前，都作了充分准备，讲演的主要内容，都以书面形式事先交给口译人员，以使他们想好合适的中文词汇。

杜威的“五大讲演”，是指他在北京所作的五个系列讲演，共58讲，其一为《社会哲学与政治哲学》，其二为《教育哲学》，其三为《思想之派别》，其四为《现代的三个哲学家》，其五为《伦理讲演纪略》。此外，杜威在北京还作了关于“现代教育趋势”和“美国之民治的发展”的系列讲演。

《社会哲学与政治哲学》，一共讲了16次。杜威从19世纪的社会科学讲起，介绍了霍布斯、斯宾诺莎、黑格尔、洛克和卢梭的理论，同时也在分析之中，宣传了他的实用主义的理论。他指出：不同的人，由于属于不同的“宗教和政治”，属于不同的“经济和家庭的群”，属于不同的“地理区域”，难免会发生冲突，因此，要从政治、思想、经济等方面着手，调整国家、政府、人民三者之间的权利和义务。主张提高“人的权利”，包括“生活的权利”“行动的权利”“财产的权利”和“契约的权利”。他所理解的改良主张，一是“民主的保民政策”，二是“利用普及教育，使人人的机会平等”，三是“利用专门知识，研究专门的问题”。

尽管杜威的主张在当时渴望思想解放和精神自由的五四时期的中国知识界引起了不小的共鸣，但我们也应该看到，他的改良主义与当时刚刚在中国传播的马克思主义的理论，是格格不入的，对于五四时期中国的现实政治而言，他的理论不免有点隔靴搔痒。

《教育哲学》也讲了16次。

杜威首先阐述了教育的必要性，认为“大多数的人对于学问没有趣味，所以我们应该改良学校的制度和教材，使他们也能感受教育的教益”。接着，杜威提出了“不以学科为中心，而以儿童为中心”的教育理论，主张从游戏、运动、手工三方面着手，“以本能为基础，使儿童利用本能，得到应得的知识”。他认为，教育的起点是儿童的生活和本能，教育的目的是为社会培养良好的公民，而学校的学科，正是其中的桥梁。这里，杜威指出了教育与社会生活的关系，并讲述了他的名言：教育并不是生活的准备，教育就是生活。

至于如何才能做到这一点，杜威列举了四种方法：游戏、有组织的活动、演戏和工作。他说："科学的方法是什么呢？科学的方法便是试验的方法。这方法的大意，简单说，便是用人的动作，将一方的心的作用与别一方的天然界的事实连起来。""试验方法的重要分子，便是'假设'。这不是空守，也不是武断，只是提出假设来作试验的指挥。"这里，不乏中肯之言，但我们可以明显地看到他的实用主义哲学的痕迹。

杜威也重视人格教育。同时，他也谈到了学制组织、职业教育等问题。在讲座末尾，他补充说："现在乘此改造教育制度的机会，中国倘能避免西洋失败的弊病，将来成效一定比西洋为大，我可以断言的。"

杜威的教育理论，几乎为当时刚刚走出私塾教育的中国教育界全盘接受，盛行一时，影响极其深远。比如他后来在南京暑期讲习班的讲演，男女同学共同参加，可谓是中国教育史上第一次“男女同校”。以他的教育思想为指导，北京、南京、苏州、上海等地纷纷办起了“实验学校”，南京高等师范学校的实验学校还命名为“杜威学校”。

1919年10月20日，杜威60岁生日之际，蔡元培先生在生日宴会上发表演说，简要地评价了杜威哲学，认为它是由康德的实证哲学、达尔文的进化论和詹姆斯的实用主义“递演而成”，并比较了杜威哲学与孔子学说的异同。

杜威在中国的代言人是胡適，他曾撰文引发了中国思想史上著名的“问题与主义”之争。在学术研究的方法上，他曾在《杜威先生与中国》一文中，把杜威的研究方法概括为两条：一是“历史的方法”，即从历史背景出发，研究一种学说的来龙去脉；二是“实验的方法”，认为“实验是真理的唯一试金石”，胡適后来发展了杜威的理论，提出在科学研究上，要“大胆的假设，小心的求证”等理论。

1955年，中国大陆继批判俞平伯的红学观点之后，发动了一场批判杜威、批判胡適的运动，声势浩大，不少知名学者纷纷撰文，这些文章还结集为《胡適思想批判》出版，其中虽有一些切中要害的中肯之言，但总的来说，对杜威总的态度是彻底否定。改革开放后，在解放思想、实事求是的方针指引下，不少学者开始重新评价杜威，并有一些论文、论著问世。

几十年来，杜威哲学在中国起起落落，从开始的盲目崇拜，到后来的彻底否定，再到如今的"重读杜威"，可以说，杜威的理论伴随我们走过了这些岁月。

本书全文收录了杜威《教育哲学》和《社会哲学与政治哲学》讲演。这两个讲演的内容，至今值得一读。此外，本书还选择了几篇颇具代表性的评论文章，书后附有杜威在华活动的年表。

我们谨以本书来纪念杜威访华，纪念杜威对中国人民的友谊，并以此献给当今的中国读者。

编　者

2014年6月

教育哲学

演讲

杜威

一　教育之所以必要

我开端先要提出两个问题：第一个是为什么要有教育，进一层说，为什么教育是不可少？第二个是为什么要有教育哲学，进一层说，为什么教育哲学是重要，是不可少？

解答第一个问题，教育所以不可少的缘故，就是因为人类在婴孩时期，自己不能生存，要是没有父母去教育他，扶助他，就不能成人了。有许多低等动物的教育，从小到大，不过都有偏于形体一方面，人类却不能仅注重形体一方面，还有心理、知识、道德等各方面的教育也都应该注重的。因为人类的婴孩时期，是个渐进的时期，什么人都要经过的。教育就是从这个婴孩时期渡到成人时期的一只摆渡船。所以，教育不是奢侈品，是必需品。简单说，教育所以不可少的缘故，就是因为“生”与“死”两件事。当人类生下来的时候，不能独立，必须倚靠他人，所以有赖于教育；死去的时候，把生前的一切经验和知识都丢了，后世子孙倘要再去重头研究，岂非太不经济，甚至文化或可因此断绝。所以，因为人类有死的一件事，也非有教育把他的经验和知识传之子孙不可。

解答第二个问题，我们并不是说教育哲学万不可少，不过是很重要。我们且从反面看，倘使人类没有教育哲学，对于教育事业必定不去研究不去思想，但看人家怎么教，我也怎么教，从前怎么教，现在也怎么教；或学他人的时髦，或由自己的喜欢，成一种循环的无进步的教育。这就是没有教育学说的流弊。教育哲学就是要使人知道所以然的缘故，并指挥人去实行不务盲从，不沿习惯的教育。

在一种保守的社会里，教育哲学是用不着的，从前的旧社会大概都持这种态度；最近二三百年来，方才有点进步。社会学上有个笑话，说在以前石器时代，斧头都是用石做的，后来有一个人发明了铁也可以做斧头，于是那时候的人就由他所发明的铁斧，把他杀死。这虽然是个笑话，但社会的进化的确如此，往往自己不喜欢进化，也不喜欢别人进化。

但是，另一种社会里，学说却是不可少。这种社会不但不反对变迁，并知变迁不可没有；故能欢迎变迁的潮流，预料变迁的趋势，设法去帮助改良的人物，做改良的事业。当现在变迁很快的时代，多少潮流在外面激荡：我们应该去选择哪一种是对，哪一种是不对，辨别哪一种是重要，哪一种是次要。当这时代倘没有教育哲学的指挥，一定不能从这许多互相抵触、互相冲突的里面，选出哪一种是我们应该采取的潮流趋势来。

教育与长进（growth）是很有关系的，教育就是长进。没有教育，就没有长进。教育不进步，社会也不能进步。试看，最下等的动物，其初生的婴孩，与父母大致相同，所不同者，形体之大小而已；等级渐高，婴孩时期也渐久。一直到最高级的人类，婴孩与大人便完全不同了。我们看了这个比例觉得很奇怪，以为阶级最高的人类，产生婴孩便应该立刻变成人，岂非可省许多事？讵知这正是人类的极大的利益。因为有了这一个很长的婴孩期，正可在此期内，尽量地教育他。人类的进化全仗这婴孩期的长久。

再拿人类社会来看，也可以看出渐进的阶级。初民社会生活简单，教育也简单，不过无形中的一种仿效罢了，就是现在的文明社会也大部分还是如此。他们没有学校的教育，只靠着直接的教育。一切人生日用的事，都是他们的教育。试看大多数的人，对于种种常识实在比我们多。他虽然不曾受过有法式的教育，然我们不能说他们没有教育，不过他们所受的是“不文”（illiterate）的教育罢了。这种“不文”的教育，人类从前受了都是不知不觉的。后来渐渐进化，觉得一切知识的经验都不可不保存，使它传得远、传得久，于是文字也就发明了。

后世的人把文字当作一把钥匙，去从古人经验所得的知识里面取出种种东西来应用，这实在是一件最便宜的事。

不过，有了文字教育以后，渐渐与以前直接的人生日用的教育愈趋愈远了。文字的教育、学校的教育，我们固然承认它是必需的，因为没有它，便不能把古人的东西保存起来，传授下去。但是，这与人生日用愈趋愈远的流弊却也不少，大略说，可以分下列三种：

（一）这种文字教育——学校教育——的结果，必定养成一种特别阶级。所谓读书人、文人、学者，都是从这种教育养成的。这种教育与旁的社会也很有关系，受这种教育的人大约只有三种：第一，是古时的祭司、牧师、握教育权的人；第二，是有权势的人，从前所谓治人的人；第三，是有资产的人。

（二）这种教育的结果，渐渐趋于保守古训和文字的方面。古代保存下来的东西，固然是最好的一部分。但是，大家把这保存下来的东西看得太重了，反把人类社会日用的教育看轻了，以为社会日用的教育，不能算作正式教育的一部。这就是第二个流弊。引一个很简单的例子，譬如"culture"这个词，本来是栽种的意思，是一件人生日用的事物。后来，把受过教育能通几国文字的人，也叫作受过"culture"的了。这就是从实用方面趋于文字方面的一个例子。这种趋势，很可以从历史上看出来。欧洲数百年前，自然科学早已发明了，学校里面却还不曾将它收到课程表里去，间或收了，也不能占重要的位置。从一般人的眼光里看来，以为这种自然科学，比较那讲文字、讲道德的等等高深学问下贱得多。从前希腊文明发达到这般地步，却是不重科学，现在欧洲重文轻实的趋势，也还是受了希腊的影响。

（三）这种教育的结果，使学校渐成独立的机关，与社会不生关系。社会上早已成为过去的东西，学校却还在那里教；社会上很有重大需要的东西，学校反不肯教了。大家看得教育当一件容易的事，以为只要一本书一般小孩子就办得到的，无所用其研究的。所以，学校变了最古的东西，最守旧的东西。举一个西洋教育史上的例子：二三百年以前，欧洲商业很发达，那时候还没有轮船，所以商品都是大家合股装在帆船里运输的。因此，那时对于这件事的计算，如盈余分配等事，非常重要，特在数学里面添了一门，现在轮船发明了，这种事实全没有了。但是，数学书里面关于这类计算盈余分配的算法，却想尽种种方法，不能把它废去，问它为什么呢，说是从前传下来的东西，虽然没有用，也不能去掉的。

以上三种流弊，可以帮助我们知道教育哲学应该提出来要讨论的问题：(一)怎样可以使特别阶级的教育变成大多数，变成普及；(二)怎样可以使偏重文字方面的教育，与人生日用的教育得一个持平的比例；(三)怎样可以使守旧的教育，一方面能保存古代传下来的最好一部分，一方面能养成适应现在环境的人才。这就是教育哲学应该提出来讨论的问题。

以上三个问题当中，第三个最为重要。我们是现代的人，是20世纪的人。以前保存下来的东西，我们当然是不够用的。我们应该想法子改造从前教育的目的、方法和材料，使它们适应现代的需要。

指挥教育、改造教育，好像驶一只船：装载货物固然应该持平，不要使它畸轻畸重；然装了以后，不能扬帆开驶，使满装了货物的船停在船坞里腐烂，当然是不行的。古代传下来的学问，就是装在船里的货物。现在的新潮流、新趋势，就是行船的风。我们应该把这满装货物的船，乘风前进，不使它停在船坞里腐烂。

我开场从长进讲起，现在也用长进来结束。人类共同的组织，也从幼稚时代到长大时代。下等动物的繁殖，与它的父母没有分别。小猫大猫，小狗大狗，都差不多。两千年以后的猫，我们可以预料同现在一样，但是两千年以后的人类，我们可就不能知道了。所以，我们要是不喜欢暗中摸索，听其自然，就应该用教育哲学去指挥引导，向着我们预定的方针，达到我们希望的目的。因为人类的进化很难推测，若听其自然，暗中摸索，是非常危险的。教育的所以重要，就是要使它免除这个危险。所以，教育不是个人的事业，是社会的、公家的、政府的责任，是人类社会进化最有效的一种工具。

二　教育与儿童和社会

我先把上次所讲的总括起来：教育之所以必要，因为儿童初生下来很弱，不能独立，与成人相差的距离太远了，所以要有这个长时期的抚养、教育和训练。这就是教育所以必要的缘故。

因此，我们可以得到今天所要讲的教育的三个要点：（一）儿童的方面；（二）将来儿童要进去做人的社会方面；（三）介乎二者之间的学校和教材。第三点最重要，因为它的目的是要使儿童进到成人社会里面去。教育哲学是指挥它联络儿童与社会两方面使它成一个过渡的桥或摆渡船。

因为教育是要把三方面调剂得宜，所以不是容易的事。第一，要有对于社会生活的知识——社会的哲学——就是要对于社会有很明了的观察，知道它的趋势和需要，预备使儿童将来入哪一种社会最为适宜。然后可以定教育的目的。

社会生活的知识使我们可以定教育的目的，这是远的一端。那近的一端就是儿童，儿童的意志、欲望，等等。总之，儿童的心理学是第二件要知道的。譬如驶船一般，它的目的地固然不可不知道，但船的本身和船中的货物也不可不知道。社会是教育的目的地，是远的方面，儿童就是教育的本身，是近的方面，都是应该知道的、注重的。

单有上述两端，还不能够做教育事业，因为还有介乎二者之间的学校和教材等琐细的事。历史、地理和自然科学等学科都不可不知道的，而且还须懂得这种学科的意义，一方面对于儿童有什么意义，一方面对于社会有什么意义。三者联络起来，然后可以当得教师，讲得教育。

因为教育所包的范围如此之大，所以是很困难的事业；也因为它所包的范围如此之大，所以是很有趣味的事业。试问世间哪一种职业所涵的方面有这么多，一方可以知道社会进化的情形，一方有可以研究儿童发展的机会，而一方自己还可以得到学问。这不是很有趣味的事业吗？

将以上所讲的记在心头，我们可以看出从前种种教育方法和教育哲学的失败，都由于三方面调剂不得其平。今天所要提出来讲的，是从前的人把介乎二者当中的学科看得太重，却把儿童与社会两方面看得太轻的流弊。

学科最容易离其他两方面而独立，因为学科是教师天天所见的东西。凡是近的东西天天见了，一定愈看愈大，并且能把其余的大东西都遮住了。正如拿千里镜来看近的东西一样。又如将一个手指放在眼前，可以把一切东西都遮住了。学科本来是联络儿童与社会的两岸的过桥，现在这过桥离了两岸而独立了。

把学科独立，与儿童实际生活脱离关系，其流弊有下列三大端。

（一）第一个流弊可以分作三步。（1）学科与真生活断绝，生活自生活，学科自学科。（2）学科变成纸上的假东西，不是真实的东西。（3）学科在实际上不能应用。

最显著的一个例，就是成人把自己的种种知识用尽方法缩成一小块，使儿童熟读背诵，或用韵语，或如西方宗教中用的问答体。一切道德都已改变了，文字也已改变了，他们都不去管它。久而久之，自然毫无意义了。

创造这种制度的人，以为儿童将来一定能懂得的、应用的。其实终于不能懂得的，更不必说应用了。因为这种都是成人认为真理的东西，对于儿童本来没有意义。儿童的经验里面从来没有这些东西，自然不能懂得了。不能懂得，自然不能应用，自然对于行为不能发生影响了。儿童在未进学校以前，与他的母亲和他的同伴玩耍，觉得很有意义，因为这些事都是他能懂得的，能用得的。一进学校便换了一个新天地，见的东西都是不曾见过，听的东西都是不曾听过。他于是以为学校里面这些东西，本来与实际生活没有关系的，本来只是骗骗先生的。我们废了多少时间、多少精力，在学校里头得了这样一个教的人和学的人都不希望实际应用的结果，这时间和精力不是完全白费了吗？

不但旧式的读经和宗教问答有这种坏结果，就是新式的各种科学，如历史、地理、物理、化学，等等，要是离开了人生日用去讲，其所得的结果也与旧式的教育完全一样。

譬如一个学化学的人，对于所学的东西，只是认为化学的东西，化学教室里头的东西，徒然记着许多符号、公式和种种试验的把戏。你若问他应用方面的，如肥皂怎样造法，为什么可以去衣服上面的污，他就不知道了。学植物、学动物的人也都如此。这种现象本来不能怪他，因为他本不知道所学的东西与人生日用有什么关系。所以，教育的人要是不把人生日用的实际生活放在心头，那么，无论什么学科，都得到与旧式读经和宗教问答的同样坏结果。

这种结果还可以养成知行不合一。譬如某人学了许多学问，别人就名他为书生。这个书生的名字不是恭维他，是侮辱他，是表明他什么都不知道的意思。因为他所知的学问不能影响到他的行为，他的行为又不根于他所知的学问，于是养成人家看轻知识的一种习惯。实用教育的所以重要，就是这个缘故。说到实用教育，人家每容易起一种误会，以为实用教育就是吃饭主义。其实并不然。吃饭固然未始不重要，教师能教得学生得到饭吃，也是很好的。但是，这个实用教育的目的，是要使他用所学的东西，指挥他的一切行为；教的人能知道学科对于儿童和社会的意义，儿童也知道学科对于社会的意义。

（二）从上面第一个流弊看来，学科先与真生活脱离，次变成纸上的假东西，再次不能实际应用。这种学科，要是学生能用心去学它，也未始不可略有所得。无如与人生日用太没有关系了，儿童一见便生畏怯。即使勉强学它，也是看作例行公事，骗骗先生罢了。这因为儿童对于它全然没有兴趣，没有兴趣自然觉得困难，自然常常有逃学的事听见了。

儿童因为没有兴趣，所以视求学为困苦的事。一般人——有许多学者——不晓得这个道理，以为人类的天性是不喜欢求学的，而人类的生活是不得不求学的，于是想尽种种方法去训练他，使他不得不求学。讵知他学了仍然不能知道。这就是学的东西与人生日用社会没有关系的缘故。倘人把学的东西与人生日用社会连贯起来，那么儿童决没有不喜欢求学的，因为好学正是儿童的天性。

我们试看儿童在未进学校以前，与他的母亲或同伴在一起的时候，何等喜欢求学：忽而问这样，忽而问那样。可见，儿童对于求学，本有很大的喜欢的趋向。就是间或有几个例外，也一定或是白痴，或是心理上起了变态。因此，我们可以知道，现在学校制度的不适用，非但能使儿童本来喜欢求学的，变为不喜欢，且能使他一见学问，便生畏惧。这种学校制度还不是天天在那里造成一种人为的白痴吗？

西洋某国的修身书里面有一课讲学校内的义务的，是个问答的体裁。问的是为什么不应该逃学。那答语是个譬喻，谓牙齿痛了，应该就医，能忍得住痛苦的，一会儿就医好了，倘忍不住这短期的痛苦，那便永远痛苦了。这可见它的用意是根本承认求学为一件很苦的事体。

固然，我们总免不掉到牙医那里去就医。但这是偶然的，不幸的事体，是消极方面的，不是积极方面的。求学也是如此，困难痛苦都是消极的方面的事。要是我们能够把积极有用的一方面提出来，决不会没有趣味的。

我们不要说儿童对于求学的苦乐关系甚小，要知它的结果影响于社会者很大而且很久。因为儿童学了这种讨厌的东西，将来出校以后，一定不能在社会里去应用，社会便因此受了很大很久的损失。所以我们应该去掉它的困难痛苦的一部分，提出它的有用处、有趣味的一部分。功夫既省了，社会上也得应用了，儿童也不感受困难苦痛了。

（三）这种社会与学校分离的结果，其流弊在社会上是太不公平。一种书生是天生做的才具，能对于书本子上的学问有趣味。其余大多数的人，只知道五官接触的能够实成的事体才有趣味，书本子上的趣味是没有的。结果，大多数的人遂没有求学的机会了。

加以书本子上的学问——文章经传——在社会上很重要，于是，书生在社会上也占了重要的位置。其余大多数的人对于学问有没有趣味，却不去管它了。这还不是不公平吗？

因大多数的人对于学问没有趣味，所以我们应该改良学校的制度和教材，使他们也能感受教育的利益。倘是主张民治的教育——民治国家的教育——的，尤其应该注重大多数人的教育，使一般的工人、匠人、农人都能在民治国家、民治社会里尽一分子的责任。

今天所讲的多是消极的方面，下一次将提出积极的方面来讲。

三 游戏与活动

第一次讲演的大要，是教育本于儿童的生长。儿童自婴孩以至成人，其生长有一定的程序，教育也跟了他的生长，有一定的渐进的程序。第二次讲演的是教育应该一方与儿童的本能和经验，一方与社会的需要，互相联络。否则不能收教育的效果，并大略指出学科与儿童及社会两方面脱离关系的种种流弊。

教育的最大毛病，是把学科看作教育的中心。不管儿童的本能经验如何，社会的需要如何，只要成人认为一种好的知识经验，便练成一块，把它装入儿童心里面去。现在晓得这种办法是不对了。其改革的方法，只是把教育的中心搬一个家：从学科上面搬到儿童上面。依照儿童长进的程序，使他能逐渐发展他的本能，直到他能自己教育自己为止。譬如说，某人是受教育了。这并不是说，某人从此不长进了，不过说，他受了教育到这个时候，从此可以利用他自己的机能向各方面充分发展罢了。

照以前所讲，成人社会是教育的目的，儿童是教育的起点，学校是二者之间一座过渡的桥。教育的目的，是要儿童走过这座桥，到成人社会里去做一个有用的分子。

第一个应该注重之点，是儿童在没有教育以前，有一种天生的本能、情性和冲动。教育就应该以这些东西为根据、为基础。不然便没有教育可施。

从前我在美术学校讲演“现代教育的趋势”的时候，曾举儿童学话的事做个例。儿童学话由于他的本能，不是勉强可以教的。他一方有听话的本能，一方又有自己发音的本能。成人所可教的，不过中国人教他听中国话、说中国话，不要听英国话、说英国话这种方法罢了。要是自己没有本能，就是教也没有益处的。儿童所以能很自然，一方因为有他自己的本能，一方有父母的教育，一方又有社会环境的需要。教育是利用他的本能及环境，使他朝我们所预定的方向去。

儿童不但有听音和发音的本能，还有一种同样的欲望。父母教他的时候，必须利用他的本能欲望，造成种种环境的条件，使他不得不用这种名词、这种文法，并且必须使他用了有效。一切教育都是如此。这是拿天然的本能欲望作基础，还出一种环境，使他朝着所定某方向走去的一种方法。

我为什么再三申明天然本能的重要，因为有许多教育学者把这个不学而知的本能看得太轻了，以为儿童一定不能由婴孩一脚跳到成人的阶级。所以，他们总想把儿童期缩短，将成人的知识经验硬装进去。他们以为儿童期是完全白费了的，哪里知道这是真正的教育基础！

举两个理由，证明中国今日为什么应该格外注重本能的教育。第一，如果教育的目的是造成贵族的专制的国家的，那么，用这种装进去的方法也就够了，因为学的人多少总可得到一点知识。但如果在民治的共和的国家，那么，教育便应该人人有平等发展的机会，去做一个真正的民治社会、民治国家的分子。第二，如果在太平时代，这种旧法也未始不可勉强过去。然在今日变迁活动的时代，又不能不变迁、不能不活动的时代，格外应该重视这种本能的教育。因为成人的性情已经固定，很难变迁，儿童的本能却是软的、易变的、可方可圆的，我们可以利用它朝着最新的最适当的方向走去。

以上所讲的是个绪论，不过很长了。今天所要提出来讲的是“游戏”和“做工”与训练本能的关系。游戏与工作，对于身体的机能，本来很有关系的。东洋诸国对于体育向不注意。西洋以前也是如此，以为身体是精神的仇敌，须先把身体镇服下去，然后可以有精神的发展。教育者先有了这一个根本观念，所以对于儿童一意要他静止，不准活动，然后把他认为宝贝的东西硬装下去。这种根本观念与新教育的精神恰恰相反。我有一次在美国讲演教育，说中国的教师教儿童均须高声朗诵，这种教育固然不好，但身体上总还有一部分的发展，比较西洋只准静坐，并声音都不许一发者，还略为好些。教育倘不注重身体机能，是一定没有好效果的。游戏与工作，便是最与身体机能有关系的东西。游戏是儿童喜欢向哪一方面发展的活动，并不是坏的玩耍。倘能让它自由发展，我们可以看出它的许多种类。然大概是模仿成人的举动居多。研究社会学的人，谓就在野蛮社会里也是如此。西洋儿童的游戏种类很多，如设为主客的往来，我请你吃饭，你请我吃饭，以及煮饭烧菜等等动作。女小孩子则玩洋囡囡，为它穿衣脱衣。近城市的小孩子，则有火车装运货物等游戏。可见，这些大概全是模仿成人的。

小孩子有这种模仿成人社会的活动，我们可以利用它造出许多有意义的游戏，用最容易的方法输入社会实用的知识。幼稚园发明者德国人福禄培尔就是应用这种方法的。我因此重新引起以前两句话：中国今日实在有拿人家发明的东西，到本国来应用的好机会。虽它的细目，自然也有不同的地方；而它的普通的方法，究竟是人家费几百年的心力发明的，拿来应用岂不很好。

这种幼稚园的制度，固然可以利用儿童模仿成人的天性，使他做有意义的活动；然还有一件事很重要，就是女教员的问题。这种初等教育断不是老年人或粗心男子所能胜任的。女子最能细心体会儿童的性情，倘能把幼稚园的教育移到她们手里，定可使她们做母亲而兼做教师的，理会福禄培尔的学理，将她所需要的恩物唱歌等等东西，用中国的材料，照中国的情形，造成一种新的幼稚园制度。倘能于我回国的时候做到这一层，我就很满意了。

游戏场上有组织的运动游戏，其对于体育方面官能方面的好处不用说了。还有重要的是能发生一种社会的性质：一方能养成领袖的人才，一方又能养成辅助的人才。最重要的是能有一种通力合作的"teams"的精神。

其他还有道德方面的训练。第一，可以养成一种好汉（sportsman）的态度。好汉能主持公道，什么诡计作弊等等的事，都是好汉所不取的。第二，能有对于运动本身的一种兴趣：不为卖钱，不为卖名，而对于运动自有很大的兴趣。这很可以养成尚武的精神。从前拿破仑被威灵顿战败滑铁卢的时候，威灵顿曾说，这一次的胜利并不是战场里得来的，是球场里得来的。这话虽然或系那种踢球的人造出来的也未可知，然其中确有道理。就看这一次的大战，英美军队平素并没有像大陆方面的训练，然竟能打得胜仗，这就因为他们的训练在运动场上面的缘故。法国人因英美人喜欢运动，特为他们造了许多运动场。现在法国自己也晓得运动的重要，添造运动场不少了。

现在我们要讲到做工了。凡是真有价值的手工，一定含有一点游戏的动作。儿童不特喜欢模仿成人的动作，还有一种喜欢制造的天性。因此，我们可以利用这种天性，使它变为有用。第一，训练他的官能。第二，使他随机应变。第三，最重要的，时有输入知识教育的价值。

何以说有输入知识教育的价值呢？譬如木工里的锯、锤、刨这种东西，用久了都是要发热的。人类几千百年前对于这件事已习见了，等到近来，始发明力学上"能力永存"的道理。然这道理是很抽象的、很高深的，要是不能在这种锯锤发热的浅近事物上面引他进去，对他说明，儿童一定很不容易懂得的了。其余如烧饭的时候，可以讲化学的道理；种花的时候，可以讲植物学的道理。这种都是手工上可以输入知识的极大价值。

最后举一个例，5月里我初到南京的时候，南京高等师范的附属幼稚园正在养蚕。他们从选择蚕子和保存蚕子做起，渐渐用桑叶饲养，让它作茧；待我到时，已在抽丝的时候了。这种层次渐进的训练，倘抽象的看来，不过很有趣味罢了，其实在知识上有极大的价值。小孩子从蚕子看起，进而幼虫，再进而作茧，变为飞蛾，几个礼拜以内看出生物的全套变迁，一定能看到许多生物学上的知识。再讲实业方面，从选择蚕子入手，一直到丝的价值、绸的好坏，都可以使儿童知道。蚕丝为中国南方出产大宗，儿童从这里得到这许多顺序渐进的知识，都可在社会应用。这种灌输知识的价值还不大吗？

最后还有很重要的，就是今天所讲的，千万不要误会，以为这种游戏、运动、手工，不过是因为恐怕小孩子学得太苦了，给他一点有趣味的东西，像那吃苦东西的时候，给他一点饴糖一样。要晓得这并不是搁糖的教育方法。这是以本能为基础，使儿童能利用本能，得到应得的知识的教育方法。

四　做戏与工作

我前次讲过，教育的三大部分。第一是社会，就是教育的目的。第二是学校和学科，就是中间一座过渡的桥。第三是儿童的生活和本能，就是教育的起点。并述这三部分当中，教的人每每容易偏重第二部分，而看轻第一、第三两部分，使学科成为孤立的东西，与将来的社会无关，与现在的儿童生活也无关。上一次提出方法来，用（一）游戏和（二）有组织的运动，引起儿童的兴趣和本能，使他能自由发展。今天继续再提出两种方法，就是第三"做戏"（dramatization）、第四"工作"（work），并说怎样能使它们与学校联在一起。

先讲"做戏"。儿童的心理，与戏很有关系。人类的意思影像当中，有一种向外表现的趋势。即成人也是如此。喜了要笑，悲了要哭，除了故意镇静以外，平常没有不向外表现的。儿童的意思、观念、影像都是具体的居多，所以格外容易于他的言语上、指使上、容貌上表现出来。游戏是用动作表现心理，做戏也是用动作表现心理，不过较有条理一点。儿童的心理每于言语、指使、容貌上表现出来，所以我们可以利用它，使它表现某种知识意志或感情。

从学科里面，选出几种最容易用做戏来帮助的。如文学、历史及人文地理，都是与人类社会很有关系的学科。文学中的小说和故事都可以用戏做出来的。人文地理中的人情、风俗、习惯，可以用戏做出来的。至于历史，更没有不可用戏做出来的了。不过我用“做戏”这个名词，似乎太重一点。因为平常人总以为一出一出一幕一幕的才可以算“做戏”。其实“drama”这个词，在希腊文里本来不过是“做”字的意思。倘儿童的程度，够得上把有头有尾的戏做出来，也未始不好。不过我所讲的做戏，却近于希腊文的原意思，是广义的做戏，并不是限于一出一出的。这不过是把历史事实分别担任，逐段演出来罢了。故事、小说、人情、风俗都是如此。总之，要使书本子上的东西，能有一种动作的表现，使儿童把自己看作书中事物的一部分。并不是说狭义的，一出一出的平常戏剧家所演的戏。

用演戏的方法帮助学科，其最显明的利益，就是使儿童有趣味。我上次已经讲过，我们这种教育方法并不是怕他学得苦了加点糖的教育方法。所以，使儿童有趣味，还不是重要的目的。最重要的是使它有知识方面的作用。第一能使他设身处地，知道他自己就是戏中的人物：戏中的悲欢离合，仿佛是他自己的悲欢离合。我们成人平常看戏也是如此。看好的戏，往往好像台上台下合而为一。所以，儿童在做戏的时候，做的人固然自以为戏中的一部；就是看的人，也自以为戏中的一部。这时候，古代的人都仿佛当作同时的人，历史上的事也都仿佛当作自己的事。这种输入知识的方法，比那空讲日球月球这种干燥的东西，自然格外亲切有味。就讲道德方面，从前的种种格言式、教育训式的方法，收效很少。倘能用演戏的方法输入道德教育，收效一定比那种纸上空谈的道德教育为大。我从前讲过，道德教育应该要先从行为做起。现在不得已而思其次，从做戏的行为上，也可以养成道德的习惯。第二个知识方面的作用，是可以引起儿童有选择的能力和安排的能力。一段故事里面，并不是都可以演出来的，于是选择出最精彩的一部分。这一部分当中，又不是个个人相宜的，于是你做这个，我做那个。但这还是个人方面，等到选择定了，于是大家商量怎样安排，怎样说法，怎样做法，哪一句话，哪一件事，应该要，应该不要，然后做成连贯的戏。这不但是个人方面，还能使他们有选择安排的能力及共通的精神了。所以，弄好弄坏，都要大家负责。这样，不但使儿童有被动的吸收，并能养成自己活动的和选择连贯的能力。

第三个作用，可以使儿童的知识影响格外明了、正确。平常教习发问，儿童照书中回答，即使不错，也是很大意的。但倘要他实地做出来，那就非懂得一字一句的意义，和名词所代表的事物、动词所代表的动作不可了。

最后第四个作用，就是能养成社会的共同生活的习惯。课堂中你做卷子，我做答案，都是单独的。一到演戏的时候，大家的言语动作都要互相照应；成功失败是大家的事，不是一个人的事。所以他能养成通力合作的精神，不但浅而易见的使儿童有趣味罢了。

次讲“工作”。工作也可以利用来使与儿童的生活经验发生关系。我们先问问工作是什么？工作与游戏的区别是什么？我们所以叫它做工作，不叫它做游戏，其根本不同的地方，就是它的目的在要造成一种看得出的可以留存的出产品，不像游戏的单使儿童有兴味、有动作罢了。儿童倘有想留下一点结果的意思，不但玩玩就算了，那就是从游戏时代进到工作时代来了。不过工作与游戏，在儿童眼光里，区别不大甚严。往往我们成人认为极苦的事体，如煮饭烧菜等，大家都不要干，要使厨工去干的，在儿童却极喜欢，并极有趣味，当作一种游戏去干，这一点也是应该注意的。

刚才讲过“工作”与“游戏”的区别。此刻再要讲的就是“工作”与“功课”也略有不同。“功课”也是“work”，但它有自上而下的意思，有用教习的威权压逼出来的意思。我所谓工作是自动的，与儿童的心理连贯的，能发生一种出产品的工作。这与自上而下用教习的威权压逼出来的工作截然不同，又与强迫要做，不做要罚的“苦工”（drudgery）也截然不同。

这种不但有兴味、有动作并且有结果的工作，在教育上的利益，据我看来，第一，因为有实在的出产品，就是开始教儿童做事要有目的。一切动作都集中在目的上，一切精神都贯注在目的上。第二，教儿童对于材料要有选择的方法和手段，处处须与他的目的互相照应。这可以养成一种判断的能力。现在的学校里造出许多无用的人才，就都因为没有判断力，而且它的方法手段，与目的不能互相照应的缘故。他们倘能经过这种工作，一定于知识上有很大的益处。

不但如此，我所最注意的是在借此输入有用的知识，甚而至于高深的科学知识。譬如植物学，现在中学堂里教的总是科学家最后研究的结果：例如学名什么，普通名词什么，属于什么类、什么门、什么种、什么族。这种干燥无味的教授当然不能在小学里教，即使教了，至多也不过使儿童记得许多名词，或再多也不过拿到真的植物能辨别哪一类、哪一门、哪一种、哪一族罢了。我们倘借工作的方法输入知识，儿童一定很有趣味。例如种花种树这等事，儿童都是极喜欢的。有许多植物，在短期内可以看出它的发芽、长成、开花、结子；教习便可随时随地教以种种有用的知识，甚而至于复杂繁难的科学知识。

譬如种花，拿种子放在泥土里，或湿棉花里，或吸水纸里，都会抽芽；但种在湿棉花里的芽，便比种在泥土里的短，种在吸水纸里的，又比湿棉花里的短。后来吸水纸上湿棉花上的，待滋养料一完，都渐渐地枯了，而种在泥土中的，却发生滋长，以至开花结果。因此，可以教他们所以然的道理，如日光、水分、热度、土性的肥瘠，以及肥料选择，等等。这种都是与人生日用很有关系的科学知识，平常不能用以教中学以下的学生，一用工作方法，便很容易输入了。

再举高深点的一个例：前几年有个科学家，考查生物的生长要费掉多少能力，于是，他在一株正在生长的南瓜外面，套上一只木箱，上置计算重量的码子，看它穿破箱盖的能力有多少。这种试验，儿童看了，以为植物生长的时候，竟能举得起多少重，自然觉得很有兴味。因此，可以教他，凡是营养料能制造出很大的能力的道理；再推及于人类的能力，也由于营养料造成的。又如植物在生物界是怎样一个地位，它怎样靠营养料生长，人又怎样当它作营养料。这都是很高深的学问，借了工作的方法，便可以尽量输入了。

科学的教授，在高级学校里，这百年来，经了一大革命，就是添出一种“试验室”的新方法；物理、化学等等学科都有试验室，可以实地试验。它的根本道理，和我们所讲的道理完全一样，就是要使学的人不但得到书本子上的学问，还要使他自己的动作参加在试验里面，看出某种试验是否能得与某种学理相合的效果。这就是用试验的结果来证明学理的方法。既然高级学校添了试验室，得有很大的进步，我们可以觉悟，幼稚园及小学，也应该与高级学校打通，有一种试验的精神。我很奇怪，人类发生自然科学何以这样地晚呢？人类的四周都是自然现象，本来早可以发生自然科学了，何以一直要等到最近的百年呢？据我看来，自然科学所以发生这样晚的理由，在于人类观察事物，有了一点常识，便不肯再去观察，只是用耳朵当眼睛，去听别人家讲的道理，或自己闭了眼睛去想出道理来。要补救这种弊病，我想倘能懂得或利用我们所讲，常常用结果证明学理的试验方法，或者科学的发达，因此可以格外有点进步罢。

以上所讲四种方法——游戏、有组织的运动、演戏、工作——我们已经把利用儿童的本能和生活作基础的道理讲完了。但这还是教育三大部分之一。以后再讲社会与学科两方面。

五　环境与习惯

我再请诸君回想上几次讲过教育的三大部分：第一，儿童，就是教育的起点；第二，学校与学科，就是一座过渡的桥；第三，社会生活，就是教育的目的。第一部分前已讲过了，并且略及第二部分。今天及下一次讲第三部分，就是社会的一部分。

总括说：教育的目的——民治国家尤其如此——是要养成配做社会的良好分子的公民；详言之，就是使社会各分子能承受社会的过去或现在的各种经验，不但被动地吸收，还须每人同时做一个发射的中心，使他所承受的及发射的都贡献到别的公民的心里去，也来加入社会的活动。

做一个好的公民，这句话看去仿佛有点政治的意味。人每以为所谓好的公民，总是指着对于选举等事能尽公民的职务，有忠心没有欺诈而言。这一部分固然也重要，在民治的国民尤其重要。因为不但自己不作欺诈卑劣的手段，还贵能互相监督、互相纠察，使大家做一个良好的公民。但做这种用知识参与政治、监督政治的良好公民，还是很浅近、很明白一方面。还有那非政治的一方面：第一，乃是要做一个良好的邻舍或朋友，因为人是共同生活的；一切公共娱乐以及图书馆等等都很重要。进一层，第二，不但我受别人的益处，还要别人受我的益处。第三，经济方面应该做一个生利的出产的人，不要做分利的人。第四，应该做一个好的消费家。生利固然不容易，消费也不容易。譬如各种货物，要监督它使它没有假冒，便是极不容易的事；所以，我说应该要做一个好的主顾或消费家。我因此连带想到女子教育的重要。女子与消费的接触最多，因为女子总不能与家庭脱离关系的。要是女子有了教育，便可以随时限制随时鉴别消耗品的好坏，做一个良好的消费家。西洋女子就是大家在那里注意消费品的监督或限制。最后一层，第五，较为肤泛，便是应该做个良好的创造者或贡献者。

我对于做良好公民的意义，举几个例，不过要表示说明教育的目的，并不是要造成一班学者或读书人，只有了书本子上的学问便可完事。它的真正目的是要造成社会的有用分子。所以，良好的国民，不是单能读几本书。他们一定还能对于社会有所贡献。倘学校要造成这种良好的国民，可以有三部下手的工夫：（一）使儿童有对于社会尽义务的兴趣或心愿，不是强迫的，是从感情发生的。（二）知识方面，使他知道社会生活和社会需要是什么。（三）单知道他的需要还没有用，还要训练出一种本领去适应社会的需要。所以，教育者又应该从技能一方面下手。

现在要问，应该用什么方法可以做到这社会的目的？说起来，方面很多。我且举几种最重要的：第一，保存过去的成绩和经验，从语言文字下手。儿童学话的时候，已经把许多大人的经验都灌输进去了，但范围很窄，一用文字，那范围便格外广了。虽几千百年的东西，也可藉此保存下去了。

用语言文字保存过去的成绩——这一层非常重要；但大家都知道，而且都看得太重了，竟当它作学校的唯一目的，所以也不必慎重地提出来。语言文字还有社会的作用一方面，平常往往把它看得很轻，所以不可不提出来请大家注意。因为要是不注意这一层，便是抛却儿童的社会的天趣。倘能随时注意利用他的谈话，使他常做演戏等事，或不至专流于没有用的语言文字的教育。

我看见报载中国的全国教育会议通过用白话作教科书的议案，我非常喜欢。因为我虽然不大晓得中国的情形，然能用国语作教科书，总算是教育的一大进步。我刚才讲过教育并不是要造成许多用不着的专家。所以，教育应该格外注意社会方面的用处。有许多人把保存和传授误为抄袭，不知所谓保存传授者，其材料虽然不变，其形式本不妨常变。他们因为把历史看作循环的，不看作向前进步的，所以有这种错误了。我们应该注意的，是要使古代传下来的死东西活转来，能在现在的社会里应用。

耶稣《新约书》里有个寓言，很可以拿来证明这个道理：有一个主人，把许多钱分给三个仆人，自己出门去了。第一个仆人拿了主人的钱去做生利的事业，赚了一倍；第二个赚了好几倍；第三个恐怕钱弄坏了，尽力地把它保存起来，不敢动它。过了几年，主人回来算账，知道这事，遂赏了一二两人而罚了第三人。因为他把主人所给他的钱不曾发生一点效果的缘故。古代的学说，也与钱是同样的道理：倘把它藏起来，不加一些利息上去，仍旧把原物奉还古人，这非但一方面我们自己不能拿来应用，一方面也太对不起古人了。

以上是第一层方法。至于第二层方法，就是选择社会的哪些部分对于儿童有需要。社会各部分并不都是好的，都是有用的。所以全赖有选择的效用，使现在、过去、将来种种事业都集中于学校，做个儿童的工具。要使他不但保存古代已往的成绩，还能于现在及将来的社会有选择的能力。

社会的改良全赖学校。因为学校是造成新社会的，去掉旧弊向新的方面发展的，且含有不曾发现的能力预备儿童替社会做事的一大工具。许多旁的机关都不及它。例如警察、法律、政治等等，也未始不是改良社会的东西，但它们有它们根本的大阻力，这个阻力唯有学校能征服它。

有两个理由可以证明别的机关虽然也是职在改良习惯，而一定不能做到与学校同样的地步，就是别的机关无论如何有大的能力，它的效果一定不及教育。第一，因为这种机关都是管理成人的。成人的习惯早已固定了，很不容易使他改变；即使他们受了教育的影响，当时承认改变了，但一到外面恶社会里头，他的决心便立刻消灭了。所以第二个理由便是环境的不良。有这两个理由，我们费了许多的精神，想去改变成人的性质，实在是一大悲剧。至于学校内的儿童，性质既没有固定，习惯也未曾养成，倘能施以良好的教育，尽可有任人伸缩的余地。至于它的环境，虽然也和社会生活一样，但这学校内的社会生活，却与平常外边的社会生活不同。因它是曾经一度选择过的，比较地格外精彩。这就是别的机关改良社会的能力一定不能及学校的缘故。

环境的关系既如上述。我此刻再讲一点习惯关系的重要。譬如烟酒这类东西，习惯了便不容易除。又如，年长的人学外国文，觉得里面有许多声音竟发不出来。这因为他对于这个声音从来没有发过的缘故。儿童便不同了：他的习惯没有养成，一切思想行为信仰等等都可以在他恶习惯未曾养成之先，把新的好习惯尽量输入。要使他的好习惯渐渐养成了，有抵抗坏习惯的能力。

我们可以说儿童或少年的教育，使他养成一种新的习惯，实在是世界将来的极大希望。倘使没有新习惯的发生，自然灰心厌世，从此没有改良纠正的希望了。须知儿童便是代表将来，老年人便是代表过去，过去的成功与失败，我们都可不必计较，有了儿童，便可重新做过。这就是儿童代表新希望的道理。

古犹太的先知有句格言说："A little child shall lead them"。这实在是儿童代表将来无限成功的预言。法国当世大文豪兼历史大家Anatole Francaise在一个教育会议的席上演说："我对于诸君有无穷的希望、无穷的感动，因为世界将来的希望和成就都在诸君的手中。大战以后，无论胜的败的，国内都经过一大捣乱，将来全在诸君的整理和改造。请诸君放大胆子做去，因欧洲倘不愿再陷于发狂和野蛮的地位，则必请诸君造出一种新的人类。有人说，人类总是坏的，不会改善的了。这话大错。要知道人类已经改善不少了。这改善的能力，最大者便是教育。所以教育实在比空气和饮食还要重大。”

刚才讲过第一层保存传授过去的成绩。第二层使儿童养成改良社会的预备。此刻讲第三层是扩充推广儿童的环境。儿童的环境本来是很小的，不过零碎的家庭生活罢了；一到学校，便较家庭扩大了。现在还要使它联络起来，养成更大的社会环境。

这第三层最重要，因为要使他从家庭很小的环境扩充开来，使他从历史文学等学科知道不但有我们现在的人，上面还有古人；不但有我们中国，还有不同洲、不同文、不同风俗的外国，其余科学如化学、物理、天文，等等，也都是如此。总之，要使儿童的环境扩充，并有应付环境的技能。所以，这扩充儿童更新更大的环境一层，在三层当中最为重要。

何以在现在的时代，这一层尤其重要呢？因为现在是东西洋文明最接近的时代。我时时注意此点：究竟我们所要接近的交换的是真文明呢，还是在战场上以枪炮相见的文明呢？我们倘使要接近的交换的是和平的真文明，那么，做教习的人应该要有国际文明的互相了解，使儿童有世界的眼光、世界的环境，并使各民族间互相了解的程度逐渐增加，互相冲突的程度逐渐减少。然则此时扩大儿童环境的一层，还不是更加重要吗？我并不是单说中国的学校应该扩充儿童的环境，使儿童有世界的眼光，就是世界各国也都应该如此。不过中国此时却有特别重要的机会：因为东方所得的西洋文化，好处不如坏处，益处不如害处，道德经济各方面已经起了纷乱的现象。但这万万不能再用长城去抵拒它的了。所以现在唯一的救济方法，便是开着门把西洋文明的精彩灌输进来，使新输入的真文明抵抗从前所受的害处及危险，养成一班新的积极的人才。所以，扩充儿童环境的一层，在现在的中国自格外重要了。

六　教育即生活

上次所讲的三个目的，未免较泛，有目的而没有方法，也是无用。所以现在我提出来的，是怎样可以做到这理想的目的？就是，怎样传授过去的经验，怎样刷洗社会的环境，怎样扩大儿童社会的观念？简言之，就是怎样使学生成为社会化，怎样使儿童变成社会的分子，有社会的兴趣。上次已经提起怎样使学校变成社会化的方法，可以分三步进行：（一）从感情方面使儿童有社会的兴趣及感觉，知道自身以外还有社会，还有别人。（二）从知识方面，给他社会上必需的知识。（三）养成实行的习惯，使他成为社会有用的人才。

这还是下手的地方。现在要讲的是怎样可以做到这个地步。我们应先明白的是学校生活也是社会生活的一种。聚许多家庭境遇不同、门第不同、宗教不同、环境不同的儿童于一处，读书玩耍，固不必说，还有有寄宿舍的，那共同生活的时间尤为长久。这一层很重要，我们先明白了，然后可以讲下手的方法。

我们既然知道学校也是社会生活的一种，便可从此下手：学生中有一种天然组织小团体的趋势，或是同乡，或是同省，或是同社会的等级。但他们对于团体内的分子，固甚亲近，而对于团体外的，却竭力排斥；遇着公共的事体，屡为小团体争权利，有时竟不惜抛弃公共的利益。这种趋势，非常危险。办教育的人，倘要把学校的社会生活来做社会化的基础，那么先须打破这种有党见的小团体的趋势。国家也是如此，一有党见，便使思想感情不能自由流通。学校内这种排除外人的小团体，很可以为社会之害，所以非打破它不可。

打破小团体的观念，使社会生活根据于共同的利益，它的方法，如男女同校，西方早已成为风俗，东方近亦渐渐有人注意。我们若要注意社会的生活，打破隔绝的阻力，男女同校便是一大利器。依我看来，有两个入手的所在：第一，从幼稚园入手，因为这时候儿童还不甚知道男女的分别；第二，从高等以上的学校入手，因为这时候年龄较大，已有了经验和自守的能力，他们的目的志趣都定了，不会再有大的变迁。

还有应该注意的，是公立的学校的制度。这种制度能影响于社会生活者极大。从前的教育都是私有的：例如一家请一个教师，或几家合请一个教师，再也不会想到教育是社会的事，是国家的事——国家不过每年有几次考试罢了。近百余年来，公立学校的制度渐渐发展，各国都有了一大觉悟，知道倘没有公立的学校，国家万不能做到统一的地步，所以，大家都情愿费许多心力金钱办公立的学校。于是，公立的学校便占了社会上重要的位置。

讲到国家公立学校制度的好处，很可以拿美国的成效来做个例。美国东西三千余英里，南北一千五六百英里，人口都是每年几十万地从各地方搬来，不但风俗历史习惯不相同，连语言文字也不相同。表面看去似乎不是一个统一的国家，其实不然：这种异言异服的人，过了多少年，把一切起居饮食及种种习惯都改变了，对于国家的统一，依然毫无妨碍。虽然现在手续还没有完全做到，但已有了共同统一的目的，将来一定能做到的。这完全是公立学校制度的最大功效。因为它对于无论哪一国的人，都让他们进去，一起读书，一起玩耍，那国家自然容易统一了。

以上所讲第一点，都是从非正式方面入手的方法，如打破小团体，介绍男女同校，注意公立学校的制度和打破一切阶级。第二点是从正式的管理训练方面入手，就是学校的管理训练也要使儿童加入，使他对于规则，不仅死守，还要懂得这种规则有什么意义，使他自己维持秩序，不使规则被少数人把持。这很可以养成真正守法的国民。

平常学校的管理有一个大错处，就是以章程规则为超于儿童经验之上，儿童不配加入，不配与闻。所以，这种管理都是由上而下，强迫的不自由的管理，效果很少。要知道学校的规则，不但维持学校内的秩序，还要养成儿童将来在社会上遵守法律的经验和习惯；不但守法，还要使他自己立法。这种经验和习惯的养成，在社会上很有用处的。

现在各处有试验把学校当作城市的样子组织的，有许多竟是一个学生的小共和国：里面也有城市，以及立法、司法、行政的机关；法律由自己制定，自己执行；各种机关都由自己举出人来组织。这并不是一种玩意儿，实在是要使儿童从半游戏、半正式的地方，造成一个有训练的国民。譬如选举，不但是消极方面在学校内用的一点知识，还要在积极方面养成将来在社会上选举的活经验。

管理训练还是政治法律方面的事。其余经济实业方面也可以有下手的方法：如房屋的清洁，以及图书机器的保存整理或添配，都可以使他们加入，负一种责任，养成将来在社会任事的责任心。再举一个很具体而有人实行的方法，就是分学生为若干组，分时、分日或分礼拜担任管理经济方面的事，如黑板地板的清洁，材料的分配等。这种事往往有教师自己做的，其实大可不必，因为学生天然有一种竞争好胜的心，与其让他用于那些无谓的倾轧，不如利用他使他做公共的事业。这种话似乎太琐碎，其实这不过是个例，拿来说明教育应使儿童有实际经验的机会的根本学理。西方有句成语："一磅的学理，不如一两的实行。"它的意思也以为学理格言，后来都变了一句口头禅，不如教他们实行的方法。实行一两，我想自比记得一磅的修身格言好得多。

还有如家具装饰品及仪器的添置，标本的采集，都可以让学生自己来办：轻便的东西，让他们制造；贵重的难做的东西，买了让他们保管；动物、植物、矿物的标本，让他们自己去采集；经济不够的时候，也让他们自己设法，或做戏募捐，或各向自己的亲戚朋友募捐，种种买票咧、剧场管理咧，都很可以养成共同生活的习惯，都是极宝贵极有意思的事。此刻不过举几件与诸君谈谈而已。

以上讲的第一点从非正式的方面入手，第二点从管理训练正式的方面入手。现在要讲第三点从知识方面输入社会的知识和经验。儿童总有一部分很聪明，一部分比较的愚钝。聪明的往往帮助愚钝的人作弊，无论如何防止也是没有用的。这因为聪明的总有余力可以助人。故我们不妨积极地利用他，使他变成助教：下课之后，帮助自修。聪明的因他有喜欢教人的心，自己可以教学相长；愚钝的人也可以因此得益；而一班的程度，也可因此互相帮助的精神，渐趋划一。

最后还有一个意见：上课的时候，往往有一种弊端，就是时间全被教师占去，不让学生开口。这于养成社会共同生活的习惯很有妨害。正当的方法，应该先教一个人起来，说明科学的大意，然后让第二人、第三人互相修正，互相补助。最好除正课以外，不要大家用一样的书，每人各将自己所学的东西向大家来报告。这事得益最大。教师一人在讲台上独讲，与养成社会共同生活的习惯，大相背驰。

我向来的讲法总是先泛论学理，然后举许多例来说明所讲的学理。这种例里面也许有不完全的，不能明白的，究竟重要的还在学理。今天所讲的学理，便是学校不但读书就算了，还要造成社会有用的公民，有共同生活的习惯和能力，有注重公德公益的训练，知道立法、司法、行政的效用。那么，学校的生活，才是一个活的社会生活；学校内养成的儿童，才是一个懂得社会需要，能加入社会做事的人物。他们组织的社会国家，才是一个兴盛的社会国家。

七　学科与生活

我再重提教育的三大部分。一，儿童，即教育的基础；二，学校和学科，即教育的工具；三，社会，即教育的目的。前两次已讲过教育的社会的目的，上次并特别提出怎样使学校的组织、管理及生活，可以用来达到教育的社会的目的。

上次讲演的大旨，无非说明学校自身的生活，就是社会生活的一部，要使学生将来能过社会的生活，必须先将学校变成社会。学校的最大坏处，就是先为学生悬一个很远的目的，以为现在所学都为预备将来入社会之用，现在虽与生活没有关系，将来总有一天得用的。于是，所学与所用完全不能连贯。不知学校的生活必须处处与社会的生活有关，使学生对于学校的生活，能生出浓厚的趣味。

学生的教育，倘专事讨论预备很远的将来生活，而不注意于眼前的现在生活，其弊约有下列几端。

第一，耽误学生的光阴。学生知所学的东西用处很远，与现在没有关系，于是且把这些东西搁下，先做那些与现在生活有关的游戏玩耍去了，因为他们的目光很近，只知道趣味都在目前，自然把几十年后比较的不很亲切的事挤出去了，搁下去了。

第二，减少学生对于现在生活的趣味，不注意于现在而希望将来。这是一件很大的危险。有几派宗教和哲学，也有这种弊端，往往悬一个很远的将来的目的，如天国、净土、极乐世界等等，而对于现在的生活，却很不注意。信仰的人渐渐养成一种坏的心理。其结果于世界文化的进步，大受影响。

宗教和哲学的出世主义，希望将来而不注重现世，比较的还有理由。因为他们都是成人，对于现世都已尝过滋味，或有失意的经验，所以假设将来，实为解脱现在。但在教育，可谓毫无理由。儿童对于现在的生活兴趣正浓正厚，而教育者偏要用这种预悬将来目的的教育方法，实在是一件最不合自然最反乎常理的事。关于督察学生成绩的方法可以知之：考试咧、赏罚咧，想尽种种方法督促他们用功。因为所悬目的在于将来，自然不得不如此。

在教育史上，无论哪一国，总有一个时代，用极残酷不人道的方法对待学生的。凡是大人对于儿童，本来一定很爱惜的，何以竟如此残忍呢？这不是很奇怪的事吗？我想没有旁的解说，只有一种。就是儿童的眼光看不见将来的目的，对于所学不发生一点兴趣。因此大人若要儿童求学，不得不用种种刑罚去迫胁他们。

后来人类的良心稍为发现，觉得对于儿童施用体罚，究竟有点不忍。于是另换一个较近人道的方法，就是用奖赏去欺骗他们：考得好的给他一点信纸或一盒糖。这真是叫小孩吃苦药加一点糖的办法！这种办法虽然比体罚较为文明，但是儿童对于将来的目的依然毫无兴趣——不过本来用刑罚的，现在改用贿赂罢了。

第三，使我们评判儿童的成绩没有自然的标准。教育所悬的目的，既然很远，与现在没有关系，我们自不能拿它来做评判儿童成绩的标准。于是，对于儿童成绩的进步与否，不得不用考试记分的制度来定。

这不是评判儿童成绩的真方法。若真要评判儿童的成绩，那么应该看他们今天比昨天长进了多少，从前的缺点，现在补正了没有，从前未发的能力和兴趣，现在发展了没有。总而言之，现在比从前是否进步。这才是评判儿童成绩的真问题。

以上所讲的话，并不是说教育不应该预备将来，不过说预备的方法不是如此。预备将来应该是教育的结果，不是教育的目的。倘能把现在的生活看作重要，使儿童养成种种兴趣，后来一步一步地过去，自然就是预备将来。倘先悬一个很远的目的，与现在的生活截然没有关系，这种预备将来，结果一定反而不能预备将来。

讲到此处，实已牵涉了哲学上很重要的问题。就是人生的真意义应该是什么，应该还是为将来呢？还是使现在的生活格外增加格外浓厚呢？已经不单是儿童的问题了。

我们倘若相信人生的真意义应该使现在的生活格外增加格外深厚，那么，教育的目的，应该增加儿童更多的能力，更多兴趣，每天所受的教育应该一天增加一天，教育便是现在的长进，不是将来的长进。因为倘若不是现在的长进，便是不长进。

斯宾塞作教育论文，提出教育的目的，是预备将来的生活，可以算教育界一大进步。因为从前的教育，与生活完全没有关系。但是这话千万不要误解，要知所谓预备将来的生活，并不是很远的生活，是一步一步过去的生活。步步都是生活，便是步步都是预备。

以上是个引论，引起今天要讲的本题。就是教育三大部分中学科的一部分，究竟以哪一种最为适用，可以做到教育的社会生活的目的。倒过来说，就是现在所有的地理、历史、读本、写字等学科，究竟与儿童及社会有什么关系；要教这种学科，究竟有什么理由。

七　学科与生活

用哪一种学科，怎么样的教法，才能做到教育的目的？学校的生活是社会的生活，故有社会生活的作用。怎样可以使学生有社会生活的知识、经验和能力？这是一个大问题。

因为问题太重大了，所以不能一个人解决，即使一个人能够解决的，也不能在讲演的时间解决。其法只有各人随时随地去试验，哪一种应用，哪一种不应用，或应添置，或应废除，才可以解决这个问题。但不是乱七八糟的可以解决，也要有学理作个指挥，作个根基，作个假设。然后，用试验的结果来证明这学理是否没有错误。

我虽然再三引申，怎样使学科能与儿童现在的社会生活联在一起，但所谈的还是大旨，其具体的方法，仍在各人自己随时随地去留意。但我可以举出两个应该防备之点。

第一，不要把遗留下来的习惯、古训、旧法来做标准，不论本国外国，凡是遗留的东西，总未必能适用。

第二，应打破读书人和学者的观念。从前的学问是为个人作装饰品，不为社会的生活，不过少数人拿了作摆架子张门面的东西罢了。这种观念应该打破。

我们如拿无论哪一国的课程表来看，问他们为什么你们要教这种学科，他们一定回答不出，大概总是说这是受遗传的影响罢了。一个英国的学者曾经发过一个疑问说，学科当中，为什么要这样注重文学而不注重科学呢。他的答案是，这是二千年前希腊的遗风，要解答这个问题，非回到两千年前的希腊不可。

再举一个例，如德国当初教育大改良的时候，各国因看了它的兴盛，大家都依样传抄，不知它的改良是针对当时的时世的，一经别国的传抄，便变作无意识的了。要知应付需要，一定要自己随时随地试验出来的，抄袭它国几十年前的成法，哪里能行呢。

不但盲从古训和成法的观念应该打破，还要应该打破教育为少数人的装饰品、奢侈品的观念，就是教育的贵族观念。有这种观念的人，以为学了可以比平常人高出一等。其实，这种学问只能供少数人的特别研究，与普通大多数的人生日用毫无密切关系。

一部分的人学了这种文学、文法、文理，渐渐成为挂了某种学问招牌的学者。他们以为学问便是那些学科；不是那些学科，便不成其为学问。于是，教育遂被这些人垄断，被这些人永久专利。

他们又以为倘把平常人生日用的事，包含在学问之内，岂不是把学问的程度降低了吗？学问的资格失去了吗？

他们不愿意把人人懂得的东西来做教育的内容，使学问的程度资格因此堕落。于是，不知不觉地养成了一种保存旧教育制度的心理。教育便永远成了一种少数贵族摆架子张门面的招牌！

我们不但应该把政治上、经济上的贵族制度打破，尤应该把知识思想上的贵族制度一起打破。

再加上一点普通的意见。从前学问范围很小，材料有限，所以，各国都想不约而同地注重文学、文法、文理等学科。现在这种只有几种学科供我们选择的时代已经过去了！

现在的时代，是学问知识一日千里进步的时代。现在人类一年中所发明的新科学新知识，比300年前全世界人类几千万年积下的科学和知识还要多！

从前的弊病，在于供我们选择的学科太少，现在却患在太多了。因为太多，不容易辨别哪一种应教，哪一种不应教，所以，尤须有一种理论学说来做个标准或指挥。否则，妄想样样都要知道，结果一样都不能知道。

现在教育界的最大坏处，就是见有一种新的学科，便以为非添加不足以趋时。这实在是很蠢的妄想。结果只成一种很肤浅的皮毛学问。一方养成趾高气扬、自炫博学的贵族习惯，一方对于真正的学问，仍是不能懂得清楚。

但是，这种知识增加学问发明的现状，对于教育界有两种大的贡献。第一，打破从前选择学科的孤陋。第二，扩大从前对于学科偏重文艺的范围。

下一次再讲在这学科繁多的时代，怎样可以选择使与儿童的生活联络，有关系的学科。再加一点，教育应该打破看不起儿童切身环境的观念。儿童的切身环境，非但不应看轻，还应利用它种种需要、兴趣和材料，来做下手的方法。

从前看轻儿童的乡土环境，其习惯的造成，大约有两个理由。

第一，因为预想很远的将来的目的，不但时间在多少年以后，即空间也在多少里以外，不在儿童切身的乡土。

第二，误在一种全国一致的迷信，所以不能把乡土的东西拿来做教育的材料。

八　科学进步对社会的影响

上次讲演学校的学科与社会生活的关系，及怎样使学科容易达到社会生活的目的。今天仍把这个题目继续下去。

但今天先不列举种种历史、地理等学科，而讲一段绪论。近世知识界、思想界的变迁，使学科不能不受影响。所以，今天要讲的是近几百年事，科学发达以后，教育上所受的大影响。

今天所讲略为偏向理论一面，虽似太觉高远，与学科无甚关系，然我们所讲的是教育的哲学，既讲哲学，自不能不把教育的范围稍加扩大，使诸君知道历史的背景。那时代的一切社会生活、社会组织，都影响于教育，使它不得不变迁。

科学方法的进步和应用的发展，对于社会上、思想上、人生观上，都有极大的影响。今把它举在下面。

第一，科学进步发展的影响，不在科学自身分量的增加，以新的代替旧的，以正确、近于事实的代替不正确、不近于事实的。因为此种分量的增加、性质的改变，尚不足以发生知识思想界的革命。

须知分量的增加，性质的正确，还是一种结果，其所以能够增加，能够正确，在乎"方法"的变换。从前用旧的不正确的方法做学问，不能发生新的知识。科学发展以后，思想的方法根本改变。此种新方法可以应用于无论哪一种学科，影响自然大了。

此点最为重要。

简单说，科学的方法便是归纳的方法，一切都从事实下手，从试验下手。思想界因此起了很大影响。故可称之为思想界的大革命（intellectual revolution）。

此种革命，起来并不很久，大约不过300年。16世纪初年，欧洲思想界的信仰和普通观念与千余年前无大差异，除中古近世略为加上一点新知识以外，其根本上的没有条理、没有系统，依然毫无变迁，迨至16世纪及17世纪之间，进步的革新家始把从前的旧方法统统改了，因此，一切工业、政治、社会、宗教、道德都起了很大的变迁。

以上是第一点，因方法的改换，引起知识思想界的革命。

第二，科学发展进步的影响，除改换方法以外，还给我们两种重要的观念，使我们的人生观都改变了。

（一）自然法（law of nature）的观念。科学进步以后，知道自然界虽然无论如何纷乱，却有一定的规律、条理和次序。故看一切天行，都当它为有常度的变化，由此发生天然界齐一的观念，人生观上发生极大的影响。

（二）能力（energy）的观念。古代的人都注意于静的方面，如研究宇宙万物的本质是什么。近世科学发展以后，知道万物除静的本质以外，还有动的能力。譬如光、热、电都是动的能力的变态，这种观念与古代大不相同，在人生观上也发生极大的影响。

此种观念的重要点，就是注重动而不注重静。最初还不过光、热、电的一部，后来并推到生物的变迁。所以，它不但造出新的天文学、物理学、化学，简直造成新的生物学以及人类学、人种学、社会学。这都是因为知道天然界不是静的而是动的所起的影响。

这些新思想的发展，打破古代信仰成说的迷信。古代根本观念的谬误，在乎迷信某种一定不变的通则。人事方面的宗教以及一切制度，也是永远遵守成法，不稍变迁，结果养成少数圣人贤人的威权，迫压大多数人不得不如此做去。新思想发展以后，知道社会人生也是活动的，而且看出变迁当中的因果关系，遂把从前信仰成说和服从少数圣贤的天经地义的观念，一律打破。

古代的天经地义，在西洋完全是少数人掌管的，中古的教会便是掌管这些天经地义的机关。从新思想发生以后，首先打破天经地义的观念，事事都要自己来试验归纳，把少数人的专利权一起撞翻。那少数人的方面也出来反抗，于是引起思想界的大革命。欧洲当时思想界新旧的对抗简直是两大敌营，起了大而且久的战争。最重要者是在生物变化的观念——生物渐渐从下等，因环境的适宜，变至高等——打破古代一定不变的成义。因为要推翻几千年根深蒂固的信仰态度，影响太重大了，所以五六十年前的反对非常剧烈，反对的人也很多。

讲到此处略为停顿，讲一段欧洲知识思想界的小史，虽似与教育无关，但欧洲与中国有根本不同的历史背景，一经讲明，自然容易明白，所以不得不讲。欧洲的文化起源于希腊，希腊对于自然很有研究，关于天文地理生物等科学，积聚的知识很多，收集的材料也不少。传至罗马，基督教变为共同宗教的时候，把希腊传下来的科学作为它们的学问的一部分，与宗教及社会生活都联在一起。到了新科学发生以后，因为旧科学与人生日用早已有密切关系，所以牵动科学，便把社会全身都牵动了。这是欧洲文化史上与中国不同的一个地方。

不但如此，欧洲古代的科学思想，不但与宗教及社会生活有关，而宗教复与政治有关。中古政教不分，国家与教会是二而实一。思想基础也是根于旧国家的流传。所以，新科学发生连带打破旧国家和旧政治的观念。懂得这层以后，科学与旧思想为什么开300年的大战争便可明了了。

东方与西方文化史上不同的地方，即在于此。西方的自然科学来自希腊，积聚很多，因基督教的关系，与中古的社会、政治、宗教都相连贯，东方则不然。我虽不甚懂得中国的文化史，但知道中国古代的学问多偏向于人生哲学一方面，对于生物、天然、地体等自然科学不甚注意，所以科学程度较浅，还够不上与政治、宗教、社会、人生发生连贯的关系。所以，新思想输入不大遭人的反对。在西方可以开几百年战争者，到了中国，社会上竟不当它是革命。

这个区别很重要。东方人不要以为不受抵抗似乎占了便宜，其实吃大亏了。欧洲人因为与人生日用有密切关系，所以起来反对，大家互相辩驳，知道它的根本在什么地方，应用在什么地方，把新观念都彻底地研究出来了。在东方，因为与人生日用无密切关系，所以没有人抵抗，新思想的输入不过添了几个名词，于它的真意义依旧不能懂得，结果对于人生日用不发生一点影响；须知不留心、不注意，决不能使科学进步。反对是最好的事体，是进步的表示。越加反对，思想便越加进步。倘大家对它没有兴趣，于人生不受影响，则科学的进步也迟缓了，范围也不能扩大了。

欧洲思想史上的特长在乎争自由。一切思想、言论、研究、著作、出版、信仰等自由争得以后，才可以有科学的研究，研究然后可以有进化。这是与人生很有关系的事，所以不能不争。东方人对于自由看得比较不重要，这话初听似乎很泛，其实中国的确尚不希望知道科学的真意义是什么。初时以为科学只在技术方面，不过电机、汽机、开矿、造路等方法而已。前几年看见清华派送留美的学生百分之八十须学机械工程等科，只有百分之二十可以学旁的科目。这也可以看出中国对于西洋文化的态度了。这种技术方面的学科固然重要，但尤其重要的在于受新科学精神的影响，造出新的人生观。

以上第一、第二两点都讲完了，我们再讲第三点。

第三，科学发展进步的影响，发明"力"的观念，知道把天然的能力征服下去，为人生效力。举一个例，人类几千万年前已知道这桌子烧了以后可以发生火的，但新科学的解说，谓桌子不是死的，是无数小单位在那里动，烧了以后，把这种动的力变作热的力了。这是新科学对于一种力可以变为旁的力的解说。

类推开去，水也不是死的，热了变为蒸汽，把它关起来可以做得许多的大事业。动的汽船、汽车可以缩小世界，静的工厂、机器可以使实业界起大革命，这都可以代表人工征服天然能力的地方。

后来，渐渐从蒸汽机的力变为电机的力。电机发明以后，又起了许多影响——电报、电话、电灯都可利用。这都是人工征服天然能力的地方。

这些蒸汽电气的大发明不是偶然的，也不是从玩意儿中得来的，是从辛苦中研究得来的。政府忌它，还要研究；宗教忌它，也要研究。所以，代表它们的并不是这许多的机器，而是对于知识的态度和精神。

此种蒸汽电气的大发明，在物质方面，为工商业交通事业等，固然得到极大的利益。或者以为在欧美的社会上，因此起了不安宁的状况，许多人对于社会都大不满足，这是不好的地方。但这也未必然，从好的方面看，因科学进步的结果，知道利益应该大家普及，不应该让少数人独占，也是好的。

征服天然的能力，所以谋大多数人的幸福，不应该少数人独占，结果发起许多慈善事业，如防疫医院、公共卫生等，于社会人生都有影响。近50年来，英美人生寿命的统计平均可以比较以前增加10岁，这也是科学大发明以后的影响。

最后讲到科学的进步对于政治上的影响。如美国这么大的国家，本来一定不能行共和政体。古代有大国不宜于共和之说，也因为大国的各部分交换意见有种种不方便之处。现在既有电报、电话、报纸往来传达消息，所以这么大的共和国也一点不觉困难地过去。这是科学进步以后，对于政治上的影响。

古代所以有大国不宜于共和之说，因为小国寡民，从此容易交换意见。现在大国所以能共和，就因为能征服这层困难。意见交换，有电话电报；货物交换，有轮船火车。交通便利以后，连风俗习惯也一起打破。所以有因物质的基础，然后大共和国可以毫无困难。

如果学校新教育要适宜于现社会，那么，教育者应该知道科学进步的真意义是什么，思想方法的变迁和新方法的建设是怎样，对于社会人生政治宗教的影响是怎样。然后教育不至于变为机械的、模仿的教育。

九　科学进步对道德的影响

上次讲演近几百年科学的大进步在思想上起了很大的影响，不但方法的改换，而尤于科学界发生新的观念。这种方法和观念，在教育上，不但内容，即教授的方法，也发生影响。

在教材方面，科学进步的影响大概减少从前偏重文科方面的语言文字等学科，而加上些注意实证的（positive）学科。

在教授方法方面，科学进步的影响，则把从前武断的方法，如依据古说遗训、圣经贤传以及强使学生记诵等等，都减少了。而加上些使学生直接去观察、去实验的方法。

现在为方便起见，可把科学进步的影响，分为两大种：（一）科学进步对于物质上的效果。（二）对于道德上的效果。平常起居饮食交通的方便，使我们的幸福增加，这是物质方面的。至于发生新的希望、新的信仰，扩大道德的范围，则是科学进步对于道德方面的影响了。

科学进步的影响如此之大，所以，我们可以说，东方文化西方文化的区别，即在于此。西方科学的进步比东方占先二三百年，所以，不但物质方面受科学进步的影响，而因科学的观点，在道德方面所受的影响尤大。

我从前说过几次，今天可以再连带说一说，就是西洋科学发展以后，在物质方面所受的坏影响较东方为少。因为它们能把物质的变迁，与科学态度的变迁，同时并进，在思想精神方面，可以有此一层保障，所以虽然也受点科学文明的坏处，而能同时受其好处。东方则只用人家的结果，对于科学的态度不稍变更，故不能得它们抵抗坏影响的一层保障。结果非常危险。

因为有此危险，所以今天要讲的就是注重科学进步在道德上发生的影响。单得了物质的文明，而不能得物质文明底下的态度和精神：铁路、电报、电话、汽车都有了，而不知道此种文明在思想上发生的新观念新道德，结果一定物质与精神分为两极。物质方面新了，而道德方面还是旧的。日本就是如此。兵也、商也、交通事业也都无不新了，而旧观念、旧道德、旧习惯终于不能打破。结果，新文明与旧文明的坏处都受着了，而好处都不能受着。所以，今天我要讲的是科学进步在道德上的影响，要使物质文明与道德思想同时并进，不仅受它的坏处而还能受它的好处。

我到中国以后常常有人问我，怎样可以输入西方的物质文明，使生计发展、交通方便，而同时能免除物质文明的流弊。西方物质文明的流弊固然不能说没有，如个人方面的爱财和残忍，社会方面的资本家与劳动界的竞争，种种罢工罢市的风潮，都是有的。但我总想把它的好的方面尽力解说，作个抵抗坏影响的保障。虽然不过一种解说，而所解说的在西方也未完全做到，但也未尝不可因此减少物质文明的坏处。

科学进步在道德方面发生两大影响：

第一，发生新的希望、新的勇敢。一个国家或民族老了以后，与一个人一样，胆也小了，志气也畏缩了，往昔少年的精神，也变为衰靡不振了。故须时时提起它的希望和勇敢，使老的国家变为少年的国家。

这种新的希望和新的勇敢从什么地方来呢？就在对于人的智慧有一种新的信仰。我们现在受了科学的影响，知道人的智慧可以打破从前的一切愚昧、错误和紊乱。故对于人生起了一种新的态度。愚昧、错误、紊乱都不怕它，我们都可以用智慧去打破它。

古代科学没有进步的时候，人类对于天然现象大概不过两种见解。初看去，觉得一切变迁都是紊乱无序。再看去，觉得日月运行，寒来暑往，都有一定但不是人力所能管辖，都归于不可知的天命。这两种见解在人类社会所起的影响，就是以天然现象为非人力所能懂得，即能懂得，也有定数，非人力所能管辖，起一种悲观失望的态度，对于天然现象只是放任，不要研究。

这种坏影响可以说有下列三种。

第一，是看不起天然科学的对象。人类对于希望不到的东西总看不起它，只当它是不好的。西洋有个很普通的寓言，狐狸见了葡萄要去摘它，摘它不到，说葡萄是酸的，不要摘了。人类何尝本来不要拿天然界的东西来替它效力？拿天空的电来拉车、来点灯，谁不喜欢？无如拿它不到，不能懂得它，只得说这是不值得懂得，不值得管理罢了。

第二，是悲观与命定主义（Fatalism）。他们以为凡事都有定数，人工无能为力，因此厌世——对于世界只取被动的态度。放任达观等坏观念都是从此而起。有了科学方法，便觉得人类有一种新的希望。人的能力可以知道天然界种种微妙而征服它。于是自被动的变为主动，自悲观的变为乐观的，自命定的观念变为人定胜天、征服天行的观念。

第三，是个人没有方法找真理，只能大家服从古训、旧说、遗风。他们以为古人不会错的，古圣人尤其不会错，大家非服从他不可。因为没有能力、没有方法自己去找真理，所以只得如此。

以上是科学不进步的三大坏影响。（一）看不起天然现象，以为不值得研究。（二）悲观与命定主义。（三）自己没有能力和方法发现真理，只能服从现成的古训、旧说、遗风。有了科学的方法把这三种都可一一打破。(一)对于天然现象，知道很值得研究。(二)征服天行，为人类造幸福。(三)自己有创造、发明、发现的宏愿。

我想解说何以科学进步可打破从前的迷信。大概从前以为每样东西都有一个“性”，于是万物就有无量数的微细分子。而且无形中有几个大的东西，如上帝、鬼神、天命，等等，在那里从中播弄，为人力所不能懂得。古代有了这两种见解，就以自然界为无量数的小分子，而受几个不可思议的大“力”所支配，故对于它虽想下手，也无从下手。科学之所以能纠正它，就在能够懂得万物并不是有无量数的性，不过很简单的几十种元素，也并不是有几个不可思议的东西在那里作怪，不过科学上的几条定律。于是，对于自然界能纠正从前的谬误，而有下手研究的把握了。

譬如近世的化学，说万物不是无量数的性，只是六七十种元素。这不是已经很简单了吗？而且每一种元素都有一定变化的规则，某种与某种可合，某种与某种不可合，于是更加简单了。基本的元素既简单，变化复有定律，自有法子可以研究了。

以这种元素和定律作基础，倘于发现问题的时候不能解说，便增进我们研究的兴趣，鼓励我们解决的勇气，却不会因此失望。所以，由消极的变为积极的态度，能独立创造地找出自然界种种神秘来了。

总之，科学的进步，在道德上的大变迁，就是对于天然界的种种困难不至失望，却要找出理由和原因，设法去纠正它，打消从前消极的态度，而相信人的智慧可以研究解决种种困难。古代对于因果看得很严，以为仿佛像大轮盘一般地在那里转，运气好的，可以偶然侥幸逃出轮盘以外。现在懂得它的道理了，就可以设法纠正，用人力来造它的因。

以上是科学进步对于道德上的第一大影响，就是发生新的希望、新的勇敢。

第二，发生新的“诚实”。我并不是说诚实是科学的结果，大家都知道古人将诚实看得也很重的。不过，诚实的地位很不容易做到，总要有了真话，然后可以说真话——有许多看去虽似真话，实在是假话。科学就是先使我们知道真话，然后再来说真话。

古代科学没有进步的时代，天然界紊乱无序，真理很不容易找到，即使知道一点真理，于紊乱的当中也无法说真话。所以，虽然人人都想说真话，而这思想每每抵不过四周种种不让他说真话的势力。

天然界种种事实既然没有条理，不易懂得。人类要想说真话的一番好心，于是在这个紊乱当中，为种种私见、成见，以及不愿开罪圣贤、公论、长上等外来势力，打消得干干净净了。

人类有一种很普通的见解，以为人类社会目前的安宁幸福比天然界的事实真理更为重要，所以宁愿牺牲真理，来迁就社会的暂时安宁，也不愿意开罪别人，扰乱社会的秩序。于是，遇事都弥缝过去算了。讵知这样保全社会秩序，将来最后算起总账来格外加重，扰乱也格外利害。故牺牲真理而迁就现状者，将来必加利还本。

科学进步以后，使我们有新的诚实，有研究事实的方法和信仰，知道人的智慧，有找出真理解决天然界事实种种困难的能力。对于事实只是老实说出，这么样就是这么样，然后去找出真理，去想解决纠正的方法，不是弥缝过去就算了。对于一切社会问题、家庭问题都是如此。所以，说老实话并不重在说，重在找出是老实话。

科学进步还要使我们知道社会人生必需的条件，否则，社会上种种不好的制度不能发现。我们有了方法才可以找出它的原因，用方法去补救它，所以，科学不赞成秘密，赞成公开，主张调查、考察、研究和讨论，使从前想说老实话而仍不能说老实话的旧习惯一概打破。

希腊柏拉图说，“实在”（being）应放在“现象”（seeming）之先，比现象尤为重要。这话不但在玄学上有价值，在道德上也有价值。因为现象者，看去虽是什么，而实在不是什么。社会上的事实也都是现象，很不容易找到真理，因为真理在社会人生有许多的仇敌。

这种仇敌，一言以蔽之，即成见而已。或为个人的利害，或为一家一派的利害，有了先入之见；或自己不说，或限制别人不许说，或因爱情的关系，或因礼貌的关系，都可以使人不说老实话，把真相放到现象的底下去，而提高看去是什么其实不是什么的现象一部分。

并不是说人类有意作伪，去做真理的仇敌，但不必有意，只要无意中感情冲动，怕得罪了人，该说老实话的地方也敷衍过去了事，便不知不觉中做了真理的仇敌。科学进步以后，态度一变，不但知道真理的重要，并且知道求得真理的方法和态度。这个影响就是对于社会上种种事实，处处用这种种方法和态度去对待它。所以说，科学的影响能发生一种新的诚实的态度。

以后再讲此种观念在教育上的应用，现在先简单说几句，不提应用一层。科学进步不但在教育方面得到许多新奇的知识，重要的还在态度和精神。打破从前的悲观、被动、奴守古训，以及不肯说老实话，不肯以事实当事实的态度，而代以新的希望勇敢和新的诚实，以人力找出真理，找出原因，去补救它、纠正它。

十　科学发展为何重要

上两次讲演科学发展以后，在知识上及社会上的影响。前两次是普通的影响，上次是道德方面的两种影响。

今天所讲纯粹是科学发展以后，在知识思想界的影响。我们先问知识方面的科学方法是什么？自然不消说得，求学便是知识的一部分，得到知识以后，一方再去教人。故知识界的变迁，当然在求学及教授的两种方法上发生大影响。

此刻第一点要讲的，科学并不是书本子上积聚的知识。化学、物理、天文，等等，都不是科学的本身，只是科学的结果。真的科学的所以重要，不在它的结果，而在它的方法。——就是重要在这些积聚的知识是怎样来的。若单知道这样那样的科学，而不知道科学的方法，算不得知道科学。

假如世界上发现一种很怪的变迁，把人类求知识及用知识的方法统统毁了，只剩一堆的所谓科学，那时一定不能说是有科学，只可说有一堆很古怪的死知识。因为科学的所以重要，在于求知识的方法，及能根据已知的推求未知的更深的方法。这才是科学的本身。倘只是一堆的知识，哪里可称为科学，不过外面的结果罢了。

这话初听似乎很怪，但是仔细一想，何以学校有了科学很久，而所发生的结果很少；博物、化学、物理都教了，只是没有结果。这因为所教的科学都是大家已发生的结果，而不能使学生有发现真理的方法。学生所得只是一堆古董，而不是研究、发明、管理、指挥天然界的能力。

今天所讲并不是这种那种科学的怎样教法，因为这太琐碎了。要讲的不过是科学方法是什么，从这方法教者应起什么觉悟。有了这方法，无论哪一种科学都是应用，并不限于教这种那种科学。

科学的方法是什么呢？简单说，科学的方法便是试验的方法。这方法的大意，简单说，便是用人的动作（action），将一方的心的作用和别一方的天然界的事实连起来。

譬如有一种金类，不知道它是什么，旧方法不过是看它什么颜色、什么光、多少重。然这种方法都不够用。科学的方法则在用人的动作，加点酸下去，看它起什么反应，另加点别的酸下去，又起什么反应。加酸不够，则用热，烧到多少热，变什么样子。这都是用人的动作引起它的变迁，将它的性质和用处全明白了。故曰，科学的方法，是人的动作连起心的作用和天然界的事实，有创造的关系。

这个话详细说就是动手时先有一种计划，用什么下去，应该起什么现象，所以是心的作用。放下去以后看它是否起什么现象，与我的计划对不对，不对再用别的方法试验，使它发现新的事实。由新的事实再发现新的观念，所以是有意识的。

我闻中国古代有“知之非艰，行之维艰”的话。试验的方法却与之相反。这是只有行然后可以知，没有动作便没真的知识。有了动作，然后可以发现新的光明、有条理的事实以及从前未发挥的知识。故曰，没有行，决不能有真的知。

把科学与非科学一比较便明白了。有许多知识不能称科学，就因为它没有条理次序。科学的所以不同，就因为有条理次序。故科学的知识是有组织的知识，它所以有组织，因为有人的动作加进去，把它安排得将条理次序明显出来。

没有组织，只有一堆的知识，固然不是科学，而有许多旧的学者以为真理不自外而自内，于是闭目冥想出有条理次序的真理来。这种真理虽然可算是理想中的宝塔宫殿，但能与天然界的事实相符与否实在没有保证。故但有理想也不是科学。必须事实与理想连起来，生出有益的关系，才是真的科学。

现在可把试验（experiment）的经验（experience）来比较。后者是被动的居多，它的次序只是依照来的先后，没有有意的支配；前者则不然，是有意的居多，是有目的支配经验、指挥经验。

从来对于经验，大约只有三种方法。

第一，是瞎碰。这是盲目的尝试，没有远见，很费工夫。偶然也许碰到很好很精的方法，但总是碰不着的居多。

第二，是畏缩。这是少去做事、少去尝试，总之不敢去经验。

第三，是试验。这不如第一种的盲目尝试，而却以意识作向导；也不如第二种的少去做事，而却很肯做事，不过不肯乱做，只是有意识地试验。

一个化学家做试验一定不是没有计划地去瞎碰，而是有意识、有目的的。照预定的计划应该起什么作用，倘不起什么作用，便把它放在旁的东西里面，看他的计划能否实现。虽然向着将来，而以观察现在事实为根据。故试验的方法只是两层：第一，是有计划。第二，是根据现在事实。不是瞎碰，也不是畏缩，而且与之恰恰相反。

这种瞎碰的试验方法也可算是一种试验。但所以不算它是科学的方法，因为它没有预算，定要等到困难发现始能转弯。科学的方法就是在乎预算，一步一步地把将来的作用先布置周妥，有知识上的组织。这是科学方法传播后养成的态度。

讲到这里，我们要提出试验方法的重要分子，便是“假设”（hypothesis）。这不是空守，也不是武断，只是提出假设来做试验的指挥。

这个观念很重要，因为科学的试验不是武断的、一定不变的，只是暂时认它为有试验的价值。故试验的都是假设的性质，假设它应该起什么作用，起了是对的，不起是不对的，没有一定不变的真理，只有有试验价值的假设。故一个观念全靠自己当它假设，有待证明就是看它是否能起应起的作用，还应该有待人家改变它。

譬如有一个新的很重要的主张，依天性习惯只有两种态度：（一）对的，承认它。（二）不对的，否认它。自从科学的试验态度发明以后，发生新的第三种态度，就是对于一种主张，以为也许真的，也许假的，只认它为一种假设，认它为有试验的价值，可以作动作的根据，至于它是否值得认为真或假，都以试验的结果来定。

古来有两种思想的态度：

（一）武断的（dogmatic）；

（二）怀疑的（skeptic）。

武断派不用试验，只是凭理性以定是非。怀疑派以为样样限有真理，只是放任、随遇而安。

这两种虽然都不能使人满意，然都有它的好处。武断派认定一个观念，往前做去；怀疑派不承认绝对的真理：这是他们的好处。但他们都没有建设。试验的方法，在有武断派的积极兼有怀疑派的研究态度：有两派之长，而没有两派之短。

试验方法的长处，尤在能真的守旧，真的求新。新的旧的都不是一概推翻，然也都不认为最后的真理，只是以试验的结果做存在的理由。所以，它是真守旧的，也是真求新的。

试验的方法是进步的方法，非但不反对变迁，而且注重变迁。事物不是一定不变的，都以境地不同而变迁。试验方法，最重要在新分子的随时加入，影响于进步的境地，为有计划有把握的冒险。新分子加入以后，也以试验的结果来定价值。

所以，试验方法进步以后，继续发现许许多多的新发明。各种机器等等工业上应用的机器愈弄愈多。因为它无形中有个进步的观念已经成为定理，故不把古代当作黄金时代。它只是一往直前，因新分子的加入随时变迁，而把黄金时代放在将来。这也是科学的方法的影响。

古代希腊虽然哲学文学思想很发达，但其哲学没有进化的观念。无论它讲得怎样高深、怎样难懂，总不过古代如何好，现代如何堕落，或不过另提一个理想的时代；绝没有人类向前进化的观念。自从欧洲科学方法进步以后，一天一天地渐有向最好方面前进的观念。这是科学方法以试验结果定价值的结果。

试验的方法固然是进步的向前的方法，但也是守旧的。因为它对于往昔的事实只要经得起试验，都认为有保存的价值。它的往前，以已得的事实为根基，而对于过去不存一起推翻的观念。譬如簸谷，轻的都向上被风吹飞了，重的谷的本身依旧存在。试验的方法对于过去的事实存保存的观念，凡是经得起试验的没有不保存它，也正是这个道理。试验的方法对于研究古代的兴趣非但不减少，反比从前增加，因为它对于凡是有保存价值的都用试验的态度对待它。

试验方法对于教育的关系，今天不能详讲，但可略讲一点。试验方法并不是用了去教这个教那个。有了试验方法所生的教训，就使学校都应该充满试验的空气。从前的武断态度只是定了章程，永远遵守；或怀疑态度，完全没有计划，过了今日，不知明日怎么样：都各有弊病。我们应该先有一个计划，步步以试验的结果来更变。

现在有求一致的趋势，先定了章程，然后办学校，结果只是形式的统一。学校应有试验的计划；办学的、做教师的都随时随地试验，随时随地修正，复以各地试验的结果互相报告，彼此交换意见，彼此纠正；集合大家试验的结果成为有弹性的教育精神。这不是形式上的统一，是精神上的统一。

十一　科学内容与教育的关系

今天继续讲演科学在教育上的用处。上次是科学方法的重要，今天是科学内容或材料在教育上的关系。

在今天要讲的本论以前，先讲一段绪论。这就是欧洲教育史上三百余年来有一种很剧烈的争论，一方主张以语言、文字、文章、历史等人文的学问为主要教育，一方则主张以自然科学为主要教育。文艺复兴之后，知文学历史等学科的重要，故想把它们保存在学校之内，占重要的部分，而反对自然科学的侵入。此种争论至现在还时有所闻。

在这长期争论的当中，两方各有见解，各有主张。文字语言一方面的人，其理由以为这些文字、语言、历史、文学、哲学等学科都是关于"人"的，关于人事的，故称它为"人文的学问"。科学中的酸、气、力、质、昆虫与人有什么关系，当然是不重要。语言文字等人文的学问，因与人事有关系，故价值最高，其美感一方面，可以养成高尚的态度、行为、仪表和气概，其价值那里是讲力、质、昆虫等自然科学所能及的呢？

他们以为文学所代表的是人类最高的理想和希望，所记载的都是道德教训、嘉言懿行，能使读者鼓舞奋发，所以是最高文化的结晶。历史也是如此，所载都是兴亡之大道，看了也使人鼓舞奋发，所以都有价值。科学所代表的都是比人低，都是人以下的昆虫、下等动物、花木、矿物、结晶、元子、分子，绝没有文学历史那样高的价值。

这种学者对于自然科学，至多也不过承认它在实用上的价值，以为衣食住或可因此增加进步，但实用只是物质方面的，与精神毫无关系，即使有点关系，也不过训练心思知识，如算学，是一种心思的体操，能使心思格外正确。但这还不重要，究竟不能及精神上、道德上的“人文的学问”的重要。

在那一方面主张注重科学的，以为科学是真理，所知的都是实在，是真际，不是玄想。我们如能研求实在和真际，自然是最高的道德目的。人文的学问不过是人造的、不自然的、假设的，凭人玄想的结果，未必能靠得住。所以自道德上讲，科学的训练自比文学的训练高得多。不但如此，文字教育的结果使人但知注重形式虚文，成为重名轻实的习惯。语言文字本是代表事实的符号，文字教育却使人忘其所代表的事实，养成虚伪的结果，科学可以使它们回到真的面目。还有文学虽也有许多好的意思，但却有许多坏的意思与它互相矛盾；其间没有标准，也没有公正人为它审定。科学是大家公认的，决没有矛盾的地方。即此一层，科学又是比文学高了。

十一　科学内容与教育的关系

我今天提到这历史上的长期争论并不是也要加入，帮助哪一边。不过，这很可以代表引起我们研究哲学上的一个问题，究竟人与自然有什么关系。刚才讲的两派彼此互相辩论、攻击，都是代表错误的哲学。他们以为科学有人的科学，有自然的科学，把人与自然分为各各独立的东西。而教育哲学的问题，是怎样可以使学生懂得人与自然不是隔断的、绝不相容的，而是彼此互相依靠、互相连贯的。

如果人与自然可以严格地分离，那么，人文的学问自然应该比自然科学高一点。但人与自然是不能分离的，自然是人的媒介物。人事关系无处不以自然为舞台。人天天在媒介物的当中，哪里能分得开呢？故他们以人文的学问与自然科学互争高低的，错误都在把人与自然看作分离。

假如以一个银圆放在箱子里面，一定与在外面时不生变动，这就是银圆与环境没有关系。人对于自然却不是如此。人与自然犹植物与所栽的泥土：植物的生长与泥土的厚薄肥瘠，及日光水分有密切的关系；人的生长之过去与将来，也与自然有密切的关系。

自然界对于人的重要贡献，至少也可以有三种：

（一）材料。人没有自然界，就没有生活的材料。

（二）工具。煤、铁、电机、汽机，种种不可少的工具，都是自然界所供给的。

（三）能力。一切作用的能力都是自然界供给的，光、热、电等等的力，固由自然界而来，就是个人的能力也非靠自然界供给不可，没有能力便不能生活了。

所以，人与自然分开便不能知道人的真相。道德精神等话虽很好听，但其大多数都与材料、工具、能力有密切关系。倘不把自然环境连在一起讲，决不能懂得人类精神道德发展的真相。

语言文字的教育偶然也会产生几个伟大的人物，但是很少数。他们口头虽讲为人道说法，为天下人类代表，但这些伟大人物总在少数贵族士大夫的阶级。无论何国，凡是文字的教育必在有闲工夫的士大夫阶级。大多数的平民对于他们所谓高尚，看了能鼓舞奋发的人文的学问，毫无关系。结果少数人受了教育，大多数人都压下去。极端主张科学固然也有弊病，但能使人人有管理衣食住的本领，供给生活的需要，故比较近于民治的精神，这是科学教育的长处。

十一 科学内容与教育的关系

科学教育的错处在与人事分离，其长处在与人事密合，使人人能管理自然界的材料、工具和能力。主张科学教育的人也太趋极端，把科学教育当作一种专门学者的教育，结果流于干燥，不能引起人的兴趣。因为他们所教的都是很专门的名词，很离奇的事实，与人事关系太少了。这一层是科学家的错处，与主张文字教育的人对于自然界没有关系的错处正相等。

专门科学家固然重要，否则科学怎样能够发展？但自小学起一直上去的科学教育，却不能以教专门科学家的方法把已经成熟的科学成绩去教。故科学教育应使与人事有关，人文的学问应使与自然有关。两种争论都应免除，使人与自然不相分离。科学教育苟与人事无关，则效力很少，不过记得几个专门名词，与夫几件离奇事而已。

讲完绪论，我们引到实在应用的结论，就是科学在学校教育里面不要悬空；其起点就应从人事社会有关的用处下手，渐渐上去，其最后的结果还是要回到人事社会有关的用处。起点在这个地方，结果也仍在这个地方。

不幸，西洋教授科学的方法已经固定，与我们所讲完全不对，他们遗传下来的方法，大约只有两种：

（一）以自然科学当自然科学教学生。动物、植物、矿物、化学、物理都与人事无关，各科又与别科无关，如房子无门的不相交通。其实，自然界并不隔阂断绝，试拿植物来看，虽是植物学的材料，而它的色料、养料由泥土而来，便与化学、物理学、地质学有关，甚而至于与天文学、气象学都有关。天然界既然彼此互相打通，教授自也应该如此互相连贯。故科学教育应利用学生的兴趣，从人事方面下手，使他们知道天然界彼此互相联络的用处。

（二）以科学家完成的结果教学生。简单说，这种教法等于语言文人的教法。使学生记得几个专门名词、专门术语，与文学教育使学生记得几个死言语文字有什么区别。因这都与人事没有关系。他们的错误在于不带历史进化的观念，是一种躐等的办法。须知这种科学是几百年来多少学者一步一步地积起来的。倘不管它是怎么来的，只是教学生整个地拿去，哪里能见成效呢？学生既不能把几百年来许多学者所积聚的成绩整个拿去，所以应该在训练方面养成他的一种态度，使他们知道所以有现在的结果的程序，成效自然大得多了。

如果我们从科学在社会人事方面的用处下手，细心领会，教法也并不困难。下手的方法，如种树、花、五谷都是预备饮食衣服材料的，渐渐地引他们进去。这种与儿童的生活经验都有关系，很容易领会，于是可以一步一步地把科学知识输入，成绩也很大。我简单奉劝提倡科学教育的人，应从与社会人事已发生关系之处下手，在儿童经验之内，不要超于儿童经验以外。

如以电气作个例，用抽象的方法向儿童讲电气，怎样能够懂得，即大一点的儿童也未必能领会。但倘从现在已经成为经验的电灯、电报、电话、汽车中的电池等处引他进去，儿童对于这种用得着的实物自然比书本子里面抽象的东西容易懂得多了。

现在教科学的方法一定有免不掉的困难，就是年少的够不上。但照我们所讲的方法。从极小·直到专门学者，不会间断。种一颗子，待它出芽，生根，一步一步地上去。动物、矿物、物理、化学都是如此，只要有经验好一点的教师不难渐渐上去，至于高深。旧法不照儿童生长的次序，骤然把现成的知识教儿童，儿童只要考试及格，就抛弃了，至多也不过记得几个专门名词而已。我们所讲的方法是依照人的知识的生长，一步一步上去的。譬如树木·年·年地往上生长。这种有系统的知识都可以变成他的知识系统中的一部分。

刚才讲的只是方法的前一部分，就是起点应与人事社会有关系。但是我们讲过，科学教育最后的结果仍应回到人事社会有关系。社会大多数的人都与自然环境有关，农人尤为密切，工人也如此。他们从历史遗传及经验得来种种方法，如播谷、分秧、风车、水车、磨、肥料，等等，都是由祖父传之于父，由父传之子孙，不明白它的道理，只知向来这样做，大家这样仿，保存旧法，不求进步。但是，社会进步必须各方面同时进步。所以，学校教育的目的不是希望学生都成科学家，是希望科学知识的传播得广、传播得远，应用得广、应用得远。产生一二个发明家还是小事，传播应用得广远影响最大。这就是科学教育的最后结果，仍然回到人事社会上来。

这种教法不但农工的方法进步，还有大的用处，就是科学知识传播以后，人民的幸福可以增加。农工等大多数人的做工都不知所以然，只是机械地去做，这是一个大缺点。他们对于工作毫无趣味，只因不做不能生活，于是不得不做。这种做工简直是一种痛苦，真是所谓苦工了。科学知识传播以后，与农工等各行业的器械都有密切关系，每一业的器械有一业的理由，有一业的兴趣。西方劳动界不安静的原因虽有多端，而科学教育不普及也是一种；开矿造路等等，工作都是机械的，没有趣味。科学教育普及以后，这种不安静的现状也许因此减少；因为他们所以痛苦，大半由于工作没有兴趣，工作没有兴趣，由于不懂得它的理由，不懂得它的理由，由于科学方法的不传播。

这种方法在实际上的应用很大。中国将来的50年，不消说得，物质文明一定要发展的。我们现在远望50年后，有两条路可以走。

第一，少数人有专门科学知识，知道机械的道理、科学的用处，大多数人对于科学茫无所知，结果少数人垄断科学所产生的利益。虽然也有一小部分的好处，然太不平均了，利益太为少数人所独占了。

第二，先去安排预备50年以后的事，用活的方法传播科学知识，使大多数人将来都能享受科学所发生的利益。因不平等而发生的扰乱也因此免除。

欧美倘于100年前有先见之明，不阻挡科学的传播，而用正当的方法使大多数人知这科学的所以然，也许现在不只像现在的欧美，而有更好更幸福的欧美。

杜威与胡適合影

十二　学制的组织

前几次讲儿童的发展、活动、能力，做教育的基础；以后再讲社会的目的；再后讲近世科学的发展在历史、文化和思想上的影响；最后讲科学方法在科学上的应用。这是以前讲演的大意。

以前的十一次讲演都把教育的部分分开单独研究。以儿童本能为基础，以科学为方法，以社会生活为目的，都是分开的，没有系统的总括的研究。今天把它连贯起来应用于学制上。自初等高等而中学而大学，一步一步地把它贯串。我们所讲的学理怎样可以应用到学制上去？哪一种学制应用哪一种学理？

教育的制度，无论哪一国，都可分做三个时期。第一，是儿童时期。第二，从儿童发达起来过渡到成人，就是中学的时期。第三，快要成人了，受高等教育的时期。照他长进的次序，每一个时期的教育应该根据哪一种学理，哪一种学理应该应用到哪一个时期上去，这是今天要讲的。

先讲第一步初等教育，初等教育根据于两种重要事实。

第一，儿童时期是最初受学校教育的时期。在这个时期儿童的吸收力最大，伸缩力最强，变好变坏都可以的。

第二，这时期是个基础的时期，不但是中学大学的基础，尤是他一生事业、习惯、嗜好的基础。

明白了这两种事实，然后可以定初等教育的方针。但是，历史传下来有一种很坏的趋势，把这个时期看得不重要，并且讨厌它，以为不如赶快长大了的好。这时期所求的知识固然较少，但是时期的重要，我们应该承认的。历史上好像都以为不应该有这时期，看不起它，以为这几年不过是枉费了的。所以，他们以为初等教育什么人都可以教。这种趋势实在很坏。天主教当中有一支名曰“耶稣军”（Jesuits），最以教育著名的，它的教育家有一句话：把小孩子给我，到八九岁的时候还你。它的意思以为到了八九岁基础已经定好了。不但它的一派如此，就是卢梭、裴斯塔洛齐、福禄培尔这班大教育家也都注重儿童教育，因为也都承认这个时期是基础的时期。

何以这些大教育家都注重，而普通心理反看作不重要呢？因为儿童当这愚昧无知的时代，一人的心理都看他的心当作一只碗一把壶的样子，这时候要装的东西甚少，自然什么人都可以教了。但是，儿童的态度、行为、思想和待人接物的习惯，都与他的一生有很大的影响。譬如他有好奇的心理，倘这时候不去鼓励它、利用它，使它成为试验的态度，只是压它下去，那么这心理便变为麻木了。又如好问的心理、冒险的心理，都可以养成他研究的态度和勇敢的性质。又如喜与人玩耍，可以利用他成为彼此亲爱互助的习惯，倘压他下去，便渐渐变为孤僻了。这时期所求的知识虽少，但习惯的养成很大，引导他可以成为好习惯，否则也可以成为坏习惯。所以，这时期的教育比中学高等尤为重要。

从此可知，初等教育的目的并不在使儿童读许多书，得许多丰富的知识，而在养成将来应用的能力、技能和习惯，这个观念很重要，即在古代也承认这个道理，只要去看旧式小学教育所定的教材便知道了。古代小学只有读书、写字、算学三种学科就完了，可见它的意思并不是在要叫他读得好、写得好、算得好，而在养成他一种有用的能力、技能和习惯。

旧式小学教育虽也承认学科是养成能力技能习惯的东西，但它的方法与新式的绝对不同。从两种绝对不同的方法底下，自然产生绝对不同的习惯。旧式的单是教学生在一条路上走，不许逸出轨道，天天如此。这种刻板的、无用的教法，虽然所教的东西只要一提头就能往下背诵，但一试用到别处，就没有用了。故旧的教育，无论它承认读书、写字、算学都是养成习惯的东西，而它所养成的习惯总是孤立的、死的、呆板的而不是可以活用的。

我们自然承认读书、写字、算学的重要，在养成能力技能习惯，所以知道用功夫在这三种上是值得的，不枉费的。须知这三种是工具，不是叫他能读、能写、能算就完了，还要他知道所以要养成习惯的用处。也不是叫他在一条路上走，也不是叫他当作玩意儿，是要叫他有能力选择好的文学历史等种种东西，知道为什么那些好的该读，那些不好的不该读。这便是把儿童的生活经验与学科连贯起来。

关于这一层——儿童的生活经验与学科连贯起来——从前已讲过不少，此刻不再讲了。但是应该注意的，这些读书、写字、算学须使儿童知道是人生日用的一部分，并不是什么玩意儿。譬如所读所写的字不要单是认识就完了，还须知道字是代表人物等等的名称。就是一个字不是一个独立的字，而是一个人名或物名。算学也是如此，不是空的数目而是人或物的计算。文章也是如此，不是书本上课堂中的文章，而是真的经验的记录。总之，都不是玩意儿，而是人生日用的一部分。

初等教育虽然以养成活动的能力、技能、习惯为目的，但却不是说这个时期不应该求知识。知识也要求的，却不该从求知识下手。知识应该从养成活动的能力技能习惯中得来。教育的基本原理，去看几个月的小孩子就可以得到。他的手脚一定时时在那里活动，你若给他一张纸，他把它团了，然后撕为碎片；见了东西，又要去摸摸是光的还是粗的。这无不是求知识的法门。看去虽似野蛮，却无处不是求知识。故从几个月的小孩子，可以得到教育原理。初等教育所以养成技能习惯，养成的结果自然得到许多有用的知识，不要先当它是一个目的。

不但看几个月的小孩如此，就是成人也有这个道理。农夫于几年当中懂得土性的肥瘦、肥料的使用、气候水分的关系，何尝是当它知识求来的？人要生活不能不去活动，等到习惯养成以后，自然得到有用知识，而最初目的却不在求知识。农夫的事业就是他的自然结果。石匠木匠也是如此，锯锉的使用、规矩的理由，也何尝当它知识学来？故初等教育一面养成有用的活动的能力技能习惯，一面自然发生知识。这可以说，寓求知识于养成习惯之中。

现在再讲第二步中学教育的时期。这时期是青年过渡的时代，与初等教育略为不同一点。初等教育是养成有用的技能习惯，中学教育则求知识较重。其两个最重要之点就是：

（一）自然界是什么东西？

（二）人事界是什么东西？

简单说，就是把初等教育时期无意中得来的知识，推广到天然界人事界去。因为青年正要往天然界人事界中去活动，倘不晓得它们是个什么东西，一定有许多不方便。

青年预备将来事业所在的天然界人事界求知识，这知识可拉广义的历史地理来代表它：以广义的历史代表人事界，而以广义的地理代表天然界。这一部分的知识在下礼拜关于历史地理的方法时再讲。今天先提出中等教育一个重要问题，就是农业工业等专门性质应带多少。

中学因为在初等教育与高等教育之间，所以有许多都把它作预备性质，为将来升入高等教育的预备。但这弊病在于不是个个人都能升学，有许多要出去谋生；预备的东西太专门，到工商界去没有用处。高等教育的学校较少，自然也不能全数容纳，在日本成为教育界的大风潮，十人中只有一人至多也不过五人能受高等教育。又因预备太专门了，学工的不能文，学文的不能工，这种不能连贯的流弊是很多的。所以，我主张中学自身应该完全独立的，升学固然可以，就是出去谋生也有相当的技能。

美国的经验很有可以供诸君参考的地方。中学校即大学预科，带着很强的预备性质，名曰预备学校。它的教员都是大学毕业生，它的学科都以大学入学试验为标准。因此有人反对太不经济，主张把八年的中学变为平常国民的高等学校，不管大学需要什么，只管社会需要什么，完全解放，不受大学羁绊。有几个州立的大学也宣言只要学科的程度好，不管合不合大学入学试验规定的本子上的东西，都可以进来。如此是大学来迁就中学，不是中学去迁就大学。

讲到专门的问题，不但是预备升学的专门教育应该讨论，就是预备将来事业也有专门，也应该讨论。预备专门的学制，德美两国是两个极端。德国有许多的专门中学，农有农业中学，商有商业中学，矿有矿业中学，机械工程也都如是；还有当教习的有师范中学，做律师助理的有法政中学。这种制度的好处很容易明白，就是定好了一条路子，按部就班地往上走，很经济的。

美国的学制没有专门中学，农工商矿都没有一种预备职业的，其弊在乎太泛。但德国制度的危险，在于十三四岁的孩子怎样可以指望他有判断终身职业的能力。农工商矿都是终身职业，既经选定，倘再更改是很危险的。美国虽患太泛，但是可免这种弊。德国专门太早的弊端，约有三种：

（一）少年这时候还没有独立的判断，把他赶到路上去，不许走别条路，结果非常危险。倘在贵族政治的底下，阶级可以预先分好了，做官的做官，做工的做工，弊端或者略少；但倘在民治的国家，个个人自己都预先有适当的选择，然后在将来可有适当的发展，那么十三四岁的人哪里办得到?

（二）少年还不配选择职业。如选定学工程师，后来因为心理不相近，忽然想做文学家，结果把少年时期耽误了。

（三）现在一切都在变迁的时候，学校内的功课总比较的守旧，倘花了四年五年的好功夫在学校内预备，预备好了，已赶不上外面的新学问了，所以，这实在是一种妄想。

以上是批语两种学制的话。我的意见以为中学校未始不可有特别注重的科学，但须不妨害普通性质，使它成为独立存在的教育。每种教育的材料不妨带点专门性质，近农的注重农，近工的注重工。这样使学生有了应用知识，升学也可以，就是出去谋生对于本门特别技能虽然没有知道，但有了活动的能力可于短时间内学成应用。

现在只能举个简单的例，如农村里头办起中学来，大多数人都是农家的子弟，应该完全取材于本地风光，如农产、树木、肥料、土性、制造等等特别的材料、特别的问题；但所学还是普通应用的知识，不必专办农业中学。这种学生出来以后，短时间内可以变为农夫，且能懂得它的精彩，但知识上还是独立的。

以上是讲中学。现在因时间不够，只能用几句话把高等教育的要旨讲一讲。高等教育的大学专门学校应该养成专门的人才，不是专门的机械；尤重要者，须养成专门领袖人才，在工业、实业、政治、文学各科的当中知道它的方法，使别人能在它所开的一条路子上进步；不但事业上做领袖，还要在本门的学问上做领袖，这是高等教育应该根据的。

十三　中等教育学制的内容

上次讲演学制的组织，从初等教育一直到高等教育，其目的在什么地方。初等教育的目的已经详细讲过了。上次讲到中学教育的目的，谓应该使学生熟悉天然界人事界的情形。今天再详述中等教育的目的。

要讲中等教育学制的内容，须先讲明为什么中等教育应该使学生知道天然界人事界的情形。其理由有二：

（一）使学生知道自己的能力与哪一种相近，可以对于将来职业的预备有点标准。中等教育是过渡的时代，倘不能使学生知道天然界人事界的情形，只是叫他们自省，决不会有适当的标准。所以应该叫他们知道天然界有什么东西，怎样情形；人事界有什么东西，怎样情形，知道了然后可以进去做事。

我们知道世界上许多痛苦和不经济，都从选择职业的不当来的。倘所选的职业与本人的能力嗜好不相近；个人方面，因为不能尽其天才，只感痛苦，没有乐趣；社会方面，本可以受它利益的，也因此反受其害了。西方有一句话："方的柄放在圆的孔内，一定不会适当的。"（这话中国也有）就是这个意思。职业选择不当由于知识不充足。譬如一个能做工程师的生在农村里头，没有可以看见纺纱织布等机器的机会；所见的都与他性质所近的不能相投。或者一个能做科学家的生在城市当中，到处只见街道房子。这些不能得到充足的知识——不能知道天然界人事界种种事实——就是一切痛苦和不经济的原因。

常人选择职业的大病，在乎选择没有标准，不过是偶然的被动的，不是父母或旁人给他定的，便是他瞎碰来的。痛苦和不经济都是由此发生。所以，最重要的是使本人有充分的知识、广大的眼光，知道天然界人事界的种种不同，对于哪些有兴趣，哪些没有兴趣。我们看见一种不认识的金类，先用旁的金类去摩擦它，看它的硬度；再加热，看它的熔度；再放在各种酸液里头，看它起什么作用。这样一试，不认识的金类便可以认识了。人才也是如此，先把教育范围推广，看他对于观察某种事业起什么反应。中等教育是人生态度将定的时候，正应推广范围，供他选择将来职业之用。

这种办法不能单靠学生，教师也应该负责任，看他对于哪一种发生兴趣，便引导他向有兴趣的一方面去。教育的大病，是在不管学生性质相近与否，只是要他及格。教师所应该注意的，就是学生为什么这几科好，那几科不好。因为这不仅是几分上下的区别，还可以观察学生的天才向哪一面发展。学生对于某科的擅长不擅长，就可以有选择职业的应用。

（二）中学教育应避免专门太早之弊。这一层上次也已讲过。中学时代是还没有进高等专门或从事职业的时代，应该给他天然人事界面面都到的知识，庶几上次所讲专门太早的种种弊害，可以免掉。

讲明了这两个理由，我们再讲中等教育制度普遍的道理。先讲我们所住的自然界与种种人事的关系。现在还没有一个字可以包括“把自然界的地球当作人类所住的家园，不仅山川河海等物而已”的意义，所以暂用广义的“地理”这个字来代表它。

平常教地理的只是教人牢记：什么河发源于什么山，往什么方向流，经过哪一府、哪一州、哪一县，到什么地方，与什么小河相会，流入什么海洋；什么山发源于什么山脉，绵延多少里，最高峰多少尺，有什么树木。这些名词都是很不容易记的，而且没有用处。要用的时候，费几分钟工夫参考一下就知道了。我们另外还有许多不可少的东西。何必花这么多的功夫在没用的事体上面呢？

记这些全靠记忆的琐细事体，与记天花板上砖地上的破缝多少长有什么分别？如其有用，除非把山脉河流与人类生活连贯起来，讲它发生什么关系，如出产、都会等等。

研究自然界的根本观念，就是人类事业处处与环境有关，处处须应付环境。历史上的事实，都是一个时代对付天然环境的势力的痕迹。在消极方面，怎样征服天然界有害的势力，如日光雨水猛兽等等；积极方面，怎样利用有害的势力为我们做事，建设种种文明。人类的事业处处与天然有关的。这样讲法才可以发生兴趣。

例如讲到天文：书上告诉你，地球转动的轴是有点斜的，斜度几分几秒，因此，南半球北半球所受的日光不同。平常教法总是教人记着斜度几分几秒，因受日光的不同所以有寒热带，几个月冬天，几个月夏天。这样教法是不对的。我们应该把它与文化连在一起。如北方因为天气冷，日光少，所以发生什么民族，文化较迟较低；但是，人类在这种天文地理不相宜的地方，尚且能与自然奋斗，造出文化：如火的发明，衣服的发明及北冰洋中捉鱼等等，这种都能引起兴趣，可以知道人类在天然界所占的地位。

再用寒带以南受日光较多，天气较温的地方来讲。地势有高山平原的不同，土性有膏腴瘦瘠的不同，因此发生的民族有特别的气质、风俗和习惯。如蒙古的地方宜于畜牧，所以发生游牧民族，养成居无定所的习惯和勇敢冒险的大性。因职业的关系，所以出产品是油饼牛乳等物。又因天性习惯文化种种关系，所以人民好战，在文化史上发生极大的影响。无论东方西方，凡是古代战争，都是北方民族破坏南方文化较高的民族。

再讲到土地膏腴的地方，因为生活较易，居有定所，所以无论东方西方，文化发生最早者总这等地方。滨海的民族养成航海通商的习惯，富于冒险的性质。这不过举几个例，日光与人事文化已经有这么大的关系。这种不但容易懂得容易记得，有训练心思的功效，还可以使他们知道地理不是只有几个死板板的府州县，还有种种人类应用的事业，及自然界究竟有什么东西。

这样讲法既把学生的眼光推广，然后渐渐引他到社会政治的问题上去。如英国为什么以这样小的岛国，而能在商业上占这么大的地位，殖民地这么多，运输这么发达？因为在地理上看来，它是个海国。煤铁石灰又都与制造有关。不但历史上的事实容易懂得，就是从地理下手，也可以讲到一国地理上的位置，天然的物产，与它的文化的关系。于是可以引到社会政治问题。

还有最应注意的，我们与其泛讲这一部分、那一部分，不如多用点功夫在重要的一点上。例如泛讲一遍以后，专指定一种高平原的地理、文化、民族、习惯、职业在普通文化的影响。不妨用几礼拜乃至几个月的时间，使他们对于这一部分毫无疑点。再指定滨海的地理也是如此。总之，使学生格外了解所学的事实。

以上是讲自然界，其与人生的关系已经如此密切。现在再讲较重于人事方面的，就是“广义的历史”。平常教历史有两种大缺点：

第一，专注重时代年月。什么朝代的起讫、皇帝的生死，种种与学生没有关系的更使他拼命记着。不知纪年只是代表文化的先后，没有独立的性质，若不注意它所代表的文化变迁、因果关系，只注意它的符号和零碎断片的事实，有什么用处呢？

第二，太注重政治。什么某皇帝哪年即位、某总统哪年就职，都是很注重的。还有最多的是战争，某年有什么之战，某年有什么之争，都是这些没用处的零断的事实。

我们并不是说政治不重要，不过是有许多更为重要的事，如水火机器的发明、工业商业宗教的发生，都比王公大臣的生死重要得多。偏重政治史的大坏处，是在养成学生一种错误的历史见解。这种历史是贵族教育的结果。在贵族教育的时候或者比较的有用，我们现在要讲平民教育，占重要的是工商、物产、宗教、美术，等等。这种专重政治的历史有什么用处？

譬如工业史，我们从它所得的教训比政治为多，但是它最不完全，重要的事实都无从考查。不过我们可以用进化的观念把它贯串起来，从草昧时代直到现在。石器时代，人类所用的斧、刀都是石的；后来发现铁，又发明用火化铁的方法，使生铁变成熟铁；然后，渐渐发明纺纱织布的机器。这些在文明史上都是极重要的。又如中国养蚕的发明，织绸机器的发明，在社会文化上一定发生很大的变化。这些都是文化的基础，而从前的历史不注意，真是它的缺点呵！这样教法可使学生想象能力发展，对于人生的见解格外明了。人类的文化不是几个朝代几个皇帝可以造成的。

不但工业史重要，就是思想知识史也何尝不重要。平常历史的大缺点是花许多功夫去讲几个大英雄名将的战功，而对于思想科学哲学大家反不注重。希腊的历史讲亚历山大战功最详细，而不知道有个几何学大家欧几里得比亚历山大重要得多。对于亚历山大同时的大哲学家亚里士多德，中古一千年的思想不能逃出他的范围的，不过说了一句他是亚历山大的先生。（适之先生说：中国太史公不惜用万数字替项羽作本纪。而于哲学大家科学大家的墨子，只给他24个字，也中了这个缺点。）这都是轻重不适当。

教历史的根本错误是当历史为过去的陈迹，已经死了的东西。我们应该把历史当作活的东西，研究过去是因要知道现在和将来。人类进化的痕迹是连绵不断下来的。这个国家所以像现在的样子，是从前种种势力造成的；由此可以推知，将来政治、文化、思想、工商业，等等。就是不要当它记载朝代英雄的历史，而是研究社会的历史，一步一步回头看去都能知道了，然后可以懂得解决将来问题的趋势。

现在假如有人问："替中国的中学和高等小学定历史的课程从哪里下手？"我可以供给一个意见，就是下手之先，把一切重要的政治、社会、经济外交以及种种运动的问题，开一个单子，一步一步地回说上去，何以发生这种问题？未发生之前情形如何？这些与现在都有关系，教法较活，且容易领会，而可以帮助解决现在种种问题，做个参考材料，并懂得现在种种运动的理由。

总括一句话：无论历史地理，其教授的方法都应免掉从前琐碎的弊病。地理的山脉河流里数，历史的朝代英雄名将，都应免除。最好使他们与文化史联合起来。与其肤浅地泛讲，不如提出要点，发挥尽致，使各方面的知识都能用到，养成学生有判断的能力。如此地理历史两科才与人生发生关系。

十四　职业教育

我离开美国的前几年，美国讨论最热烈的问题便是"职业教育"（vocational education）的问题；到了中国看见中国人对于这个问题也很关切，讨论的也很多。可见世界的运动已经有了一致的趋势：东方所要急于讨论的问题，也是西方所要急于讨论的问题。今天讲演前几次所讲的学理，在“职业教育”上怎样的应用。

讲职业教育须先知道的一个道理，就是职业有两方面：一方面是做工、制造、出产的；别一方面是消受出产的物品的。这两方面不能偏废的。就以狭义的工业讲，一方制造，一方也要顾到有人消受，何况普通工业呢？且这两方面都靠教育：有了教育始能一方面有有知识的工人制造，一方面复有真能享用物品的消受者。

举个最明显的例，现在西方各国工作时间的问题，从前12小时，后来10小时，最近改到8小时，但有许多人反对。他们的理由以为这些工人做了8小时的工便走了，把其余的时间到外面去喝酒、戏赌，以及做种种不正当的娱乐，不如叫他们多做几小时的好。这话实在错了！工人所以要把时间用在不正当的娱乐，实在是没有正当教育的缘故。这例很明显。所以，正当的职业教育，一方要顾到工人，一方也要顾到这些工人在闲暇时间还是和常人一样。

我们所以要讲这些话，因为知道古来的教育有一个很普通的性质，就是把教育分为两大部分：一部分是治人的，一部分是被治的。治人的是闲暇阶级，只是做官办政治；被治的是劳动阶级，只是制造生活的需要。教育则偏向闲暇阶级，给他文学、历史、地理的知识，希望他教育发达了可以做官，可以治人，但是，没有什么实用。所以，闲暇阶级的教育是偏于一方的。

正式教育既全为闲暇阶级而设，大多数的工人自然没有机会可以享受。他们不做工不能生活，所以，所受的教育只有师父对于徒弟的一点训练，到了出师的时候，连这一点训练也没有了。但是，这些还算较有系统的。还有许多不过整日在工场里得到一点本行的知识，竟说不到师父的训练。但是，这些虽没有书本子的知识，也可算得“狭义的职业教育”。可见，职业教育并不是新有的，是古代大多数人都受过的。不过，我们的问题是要打破一部分治人的、闲暇的，与一部分被治的、劳动的阶级，然后再讲职业教育。

因这不相容的两部分，我们有一件重要的事实可以注意：就是这个区分全是根据于社会的。古代的社会本分为两种阶级：劳动者除了做工以外没有闲暇，一方闲暇阶级则完全不须劳动。于是教育也根本不同。闲暇阶级是用心的，劳动阶级是用体力的。教育只管所谓上等人物，专教他们用心思、记忆、想象，而不必用肢体的运动，所以是文学的教育；劳动一方面完全用手足，而用不着心思，只要手足灵敏就够了，所以多是一种手艺。社会不同，教育也因而不同。

从前讲过好几次，历史上亚里士多德的影响很大。他在两千多年前已为我们定了教育的规程。他定一部分闲暇阶级的教育曰"自由的教育"（liberal education）；而定劳动阶级的教育曰"机械的教育"（mechanical education）。自由的教育应该格外注重精神上文学、哲学、修辞学、论理学、文法、音乐，使他理想的能力格外丰富；劳动阶级只要做工就够了，用不着这些东西，所以希望他肢体发达，给他一种机械的教育。这是亚里士多德定下来的规程。希腊虽亡，但他的影响却两千多年来所逃不了，最近两世纪科学发明，社会变迁了，各项运动始渐渐把这划分两部分的意见打破；但因入人太深，故还不能完全打破。

西方虽然注重工业很久，但打破文学教育，注重职业教育，不过是最近50年的事。反过来看中国，别处虽与西方不同，而这一层却也不知不觉的造成阶级的教育，注重文章、文学，等等书本子上的东西。

十四　职业教育

最近来的时代，科学进步。科学里面有许多要用心而非兼用肢体不可的。应用科学，肢体尤为重要：在室内要用肢体试验，出去则有测量等等。民主运动渐渐看重劳动者。商业发展，知道生计是社会的基础。合起这几方面来，养成一种新的见解：知道从前的观念错了，从前所看不起的现在都应该抬高了，由此打通劳心劳力的阶级，可以研究职业教育——打通的社会中的职业教育。

职业教育最重要的观念就是职业教育并不是“营业教育”（trade education），不是做专门行业的教育。做专门行业的教育是机械的，用不着心思和高深的学问，只希望养成本行的专门技能就算了。但这不是职业教育。职业教育应该注重使人懂得实业工业所应知的科学方法：　方应用手足肢体发展的本能，一方不能不注重知识，知道科学的所以然。否则对于行业没有趣味。倘能知道科学的所以然，则随时可求革新进步。不但做工方面，就是享受工业出品的方面，也可以革新进步。

职业教育有两种弊端，不可不防备的、避免的。

第一，千万不要认定某种人天生成做某种事业的。有了这个观念，便在青年时代给他很狭隘的行业训练，后来不能改业。这个结果很危险，在这变迁的社会当中，往往把人才糟蹋了。补救的方法是给他们博大广阔面面都到的教育；使他们的心思技能有格外广阔的根基，能于短时间内变成某业的人才。

第二，千万不要以现在的实业工业程度作标准。社会是常常变迁的，等到训练好了，外面早已变更，不适用了。学生偏向此种行业很难改换。现在是工业变迁的时代，教育应该用将来的工业为标准。倘现在所教过了几时不能适用，那便不该教。中国现在尤其如此。教育应该给学生基础的方法技术，使他心思耳目都极灵敏，随时可以进步。这比狭义的训练好得多。

我所讲注重知识思想并不是把工作一部丢了，就是讲普通教育时，也不主张不用肢体。科学发展，即知单靠知识思想的不够，所以要去试验。英文中“试验室”（laboratory）这个词，就从“工作”（labor）这个词来的。看此我们很可以得到教训：纯粹的科学尚非工作不可，况且是职业教育呢？单有工作，单有文学，我们都不承认；最好是把知识思想在科学试验室当中训练。这才是我们希望的教育。

做工的重要，不但做工的，就是将来预备做管理人的，也应该实地练习。倘只知道一点学理，却恐怕衣服弄脏，不肯去实地练习，这个人要得很有成绩的管理，一定办不到的。我们从经验证明，凡是有好成绩的管理人，都是从底下起来的，所以他能知道工作的内容。

刚才讲的还限于有职业的人的关系。现在从民治的国家社会来看，应该如何下手：第一点，是人人都要做工，做一部分的有用事业，为社会贡献；倘不做工而只是分利的，便是惰人。第二点，做工的报酬不但有金钱，尤须要使他们长进。我们应该替他们设法，使他们的脑筋不会锈死。不可使他只能做这样，不能做那样；而要使他知识思想有趣味、有进步。从此可以知道，职业教育应该如何下手才能顾到这两要点。

诸君知道全世界的工人现在成为一个最危险的大问题。其所以如此危险，不但是时间工资的问题，其重要之点乃在工人对于工作没有趣味，没有发展知识、运用心思的机会。他们所不满意的，就是单靠物质上的报酬的不够。由此可以推到中国，这个问题尤其重要。中国工业正在开始动手，倘受高等教育者知道此点的重要，将广大的见解使将来工人方面有发展心思知识的机会，也许可以免掉现在欧美扰乱不安的现状。做律师的、教学生的，都除了物质的报酬以外，有知识心思上的长进；只有大多数工人一点没有兴趣。对于这一点，将来做国家领袖者不可不注意。

总结起来，今天所讲，职业教育注重工作，尤须注重发展知识心思。至于在社会方面的重要，以前讲过许多次数，也不用仔细讲了。中等教育前回讲过：是一步一步地预备选择职业的机会和材料，使学生知道天然人事是什么，现在要讲初等教育，初等教育以前讲过，应该工作就是游戏，游戏就当工作，也带点职业的性质。因为工作游戏都须运用心思肢体，可以养成职业上的能力。

我们知道，普通生活不外四项职业，就是衣、食、住和交通。一切耕种、织布、造房子、车马运输来往，无论如何复杂总逃不了这四项以外。初等教育的小孩，其趣味便是事事模仿大人。我们可以把广义的衣食住，放到初等教育里去做教材，一方可以作预备，一方使他们得到技术，并知道社会方面的重要。这虽然不是职业教育，但却是很稳妥的职业教育的预备。

高等教育也有职业方面。专门和大学虽然都是专门，但也有非专门的一部分应该做普通学问。医药法律固然与社会有影响，就是别的也须从大处着想，不与社会隔断。如舆论事业范围渐渐扩大，不但访员通信员舆论事业，就是有学问的人，倘不去做这个事业，便不能使人知他事业的重要。如此才可以有没有弊病的专门教育。

十五　道德教育的内容

最后两次的讲演，我们专讲道德的教育（moral education）。无论哪一国讲教育的人，都公认教育的最高的、最后的目的是道德教育。

大家虽然公认道德教育是教育的最高的、最后的目的，但都觉得困难，不知怎样可以做到这道德教育的目的。学校中的功课有许多如读书、写字、习算等科，表面上往往似与道德无关。那么，教育的最高最后目的既是道德，而给他们的教育，如读书、写字、习算等，却都是知识一方面的，不是自相矛盾吗？

照这样看来，问题是在研究知识方面的学科是否与道德有密切关系。倘找不出关系，不能与道德联合起来，那么，我们不如取消理想的希望，老实说，教育的目的不在道德而在知识就完了。所以，现在应该研究的问题，是怎样可以用知识的教育做到道德教育的目的。

最普通的办法就是以为道德确是重要的，道德教育确是不能去掉的，所以，于各科之外特别添设一科，曰修身，或曰伦理，教他们做人的道理，以补助别科所不能做到的地方。这种方法其实是没有功效的。我们试想以一两点钟与地理、历史等平等的时间，教那些纸面上理论上的道德，谓能影响于实际的行为，决不是做得到的事。

有许多地方，从表面看去，知识可以影响于人生的行为的。如知道冷的热的、可食的、不可食的等等，都立刻可以与人生的行为有影响。

这一部分似有影响，但还有许多，如记得地理上许多名词，与人生无关的。又如测量的人不能不知道三角，而竟有许多人记得三角的公式，而不能实地测量的；冶金的人不能不知道化学，而竟有许多人记得化学的公式，而不能冶金的。由此可以知道，知识也有不能影响人生行为的。所以，我们的问题是在怎样求知识而能使它于人生行为有影响。

修身书本子上的理论的道德所以不能影响于人生行为，也与刚才所讲的道理一样。因为有许多地方太抽象了。大凡知识不能影响于人生行为，多半根于两个原因：

第一，不能引起人的意愿或欲望；

第二，即使引起了，因为知识不够不能知道怎样去做。

刚才所讲冷热等知识，本来根于人的欲望，所以，能于行为有影响。倘离开太远了，一则不能引起欲望，或引起了而不知怎样去做，于人生行为有什么关系呢？

还有一层大的困难，就是倘把道德教育与别科平等，特设修身伦理等名目，是把道德与别科分离了。而实际上，道德却不是独立，在另一范围，而与各科有密切关系。这样看来，学的时候是单纯的分离的，而实际应用起来是与别科联合的，自然不能于人生行为有关了。

我并不是说道德不可单独研究。单独研究未尝没有价值。但是，单独研究学科，未必靠得住能影响人生的行为。不能影响人生行为的学科，无论如何有价值，于儿童的道德观念还是毫无益处的。所以，我们把这一层方法丢开，回到别的学科与人生有何关系的问题上来。浅看去，有许多显而易见与人生行为有关系的。如使学生养许多良好的习惯，如专心、有恒、正确、忠信，等等，都是知识，而可以养成道德习惯的。

但是，这些习惯虽可使与道德有密切关系，也须看教法的怎么样。教法好的发生好的习惯，否则也许发生坏的习惯。譬如专心一种习惯，是要使他有责任心；但倘教得不好，可以造成虚伪或潦草的习惯。这个例子可以说明，要养成好的习惯，非有好的教法不可。

还有困难之点是怎样可以使养成的好习惯，不但在教员面前，就是在外面也不改态度。有许多习惯是表面的，不是内面，所以一到外边便回复他的潦草等习惯了。我们注重的地方就是怎样可以使学生养成的习惯，不是表面的而是由于内面的思想愿望发生的。由内面的思想愿望发生的习惯，才是与道德真有密切关系。

养成内面的思想和愿望等知识心理上的习惯，照我看来，有三种最为重要。

（一）虚心或曰公开的心（open-mindedness）；

（二）知识的诚实（intellectual honesty）；

（三）责任心（responsibility）。

先讲第一，虚心或曰公开的心。我们先从反面看，什么东西使我们的心闭住。这个原因大约有三：

(1)成见。就是以先入之见为主，凡是先入的都是不错的，倘后来的有不相投的事情，便用此先入之见出来抵抗。

(2)骄傲。就是以我见为主，凡是新理与别的道理不与我见相合的，都要抵抗。

(3)自私自利的观念。凡是于我有利的都是好的；否则不好的。

“虚心”与这三种恰恰相反。凡求真理时，无论与成见或我见相符与否，也无论于我有利与否，只要是真理便领受它。这才是所谓虚心，或公开的心。

这种去掉成见我见和自利观念的虚心，表面上虽与知识有关，是知识方面的事，其实与人生行为也有密切关系。例如："公正"是道德上的问题，然要做到公正，而先有成见，则如何行呢？因必须有容纳人家的观点和意见的虚心，然后能做到公正。又如"慷慨"不是道德上的问题吗？然倘不先去掉成见，如何能慷慨呢？"公正"和"慷慨"两种如此，我们可以推知虚心不仅是知识方面的事，而与道德上养成容纳反对的意见和观点的习惯很有关系的。

从前批语教授法的大坏处在乎阻碍虚心习惯，养成我见和成见的习惯，如注重一致，无论如何不同的，一定要叫它强同，照一定的规程去做。这很可以养成我见，因为它的趋势养成全班以先生的话为标准；考的时候照样揣摩，决不能引起虚心的观念。还有一种坏处是照一定答案去做，如背书，一字也不能错。这种教法很可养成我见成见的态度，所以是虚心的习惯的大仇敌。

换句话，虚心就是要人讲理。怎样讲呢：如说做事不要先有成见，不要先顾自己利害，总要顾这事体本身的利害。这就是虚心。照旧法的教授，先生叫学生牢记所讲的东西，养成一种盲从的、呆板的习惯。这便是不讲理，不讲理就是不虚心的缘故。

再讲第二，知识的诚实。诚实是道德，平常用在办事上或营业上。而知识上的诚实，即指承认事实的价值。你错了，你自己须能承认；你的仇敌不错了，你也须承认它。不要事实如此，我见如彼，一味颠倒是非、装面子、文过，都是知识上的不诚实。

知识的诚实既是只认事实，不认利害，所以有许多旧的教法只可养成“贰心”。学校中的贰心是什么呢？就是心思一方上课，一方想他们自己的上天下地的事体。考试时不准把他们自己所想的写出，只准照先生所讲一字也不能错，这自然只可养成贰心的习惯了。还有什么知识上的诚实？

再讲第三，责任心。责任心怎样讲呢？大概是两种意思：第一，是做事靠得住，不会耽误。第二，是无论这事的结果如何，利害难易如何，自己既承认要做了，不肯推诿给别人，就是自己肯担负所做的事的结果的责任。

责任心的习惯虽是道德方面的，而内中还有知识的部分。小孩子本不懂什么责任，也说不上责任，但他做事总预先看看效果然后干下去。效果既然看见了，无论如何总是要做。若不见明白的效果，上了人家的当，就无所谓责任心。见了效果，见了效果的于我有利有害，还是做下去，这才是责任心。所以，责任心中知识的部分占很重要的位置。

责任心的两层：一，靠得住，二，见了效果，不顾利害做下去——好像对于人情很不普通。但是，教育倘有适当的教法，使人类养成道德的观念，能预先推算此事的结果，每事于未做之先决定做否；既做了，无论是否有害的也要做下去了。养成伟大的人格，下手处不在太高，不过如此而已。这是学校内应该细心体察以养成的。

为什么世界上终于能以少数人的武力支配世界大多数人的

行为？这就是大多数人不负责的缘故。大多数人因为不肯预料结果，作决定的根据，把支配世界权利让给少数强有力的武人。这是现在还逃不出武力支配世界的大原因。

不但如此。大多数人不负责任，也并是世界民主政治发展迟缓的原因。人人本来不愿意受人家支配的，而何以人类竟让少数人支配了几千万年？这因为大多数以为自由固然不错，但要做到自由非常麻烦；有自由固好，要麻烦实在不好；因为怕麻烦，所以连自由也不要罢了：所以宁愿几千万年的让少数人去干，不自由也不要紧。

我们的问题是现在学校对于责任心的关系。照现在的学校管理，断不能养成学生自己判断的责任心。现在的学校只有两种东西负责任，一种是教员，一种是教科书，而学生负被动的责任。他不过把先生所教、书上所有的照样背出来，没有预备效果的能力和判断的能力，自然没有所谓对于自己所做的事的结果的责任心了。

刚才讲过，责任心还有做事靠得住，做到底的一部分。这一部分现在的学校也是不能办到。单靠书本子，不讲应用，怎样可以使它靠得住、做到底呢？故责任心中这较轻的一部分尚且做不到，自然不能做到较大的一部分子。所以，学校功课宁可少一点，终要使它做到底，以养成他的责任心。

我们现在要问，道德教育是不是可从表面的知识使他与真的道德连起来。倘真明白了道德为教育的最高最后目的。那么，应该找方法使行为与道德打通，知了便去行。这样也许可以做到道德为最高最后的教育目的的希望。

这是当今教育一个最大问题：教育还是注重养成心理的习惯，如虚心、知识的诚实、责任心的呢？还是只要读书多，在成绩展览会中可以出风头就够了的呢？倘注重前一说，那么教了这些科学并不是当作最后目的，而是一种方法，用以养成虚心、诚实和有责任心的人格。这是一个最大问题。

十六　道德教育的目的

从前开讲的时候，提出教育的三大部分：第一，儿童的本能、感情和活动，做教育的基础；第二，社会的目的，儿童将来要进去做人的；第三，学校的学科，利用儿童的本能做到社会的目的。

这个部分在道德上也可以应用，现在从道德上把这三部分联合起来讲。

上次是从个人方面下手，觉得个人方面所应该注意，最为重要的性质有三端：第一是虚心或曰公开的心，就是破除成见我见和自私自利之见，承认事实，养成公道；第二是知识的诚实。第三是责任心，对于所做的事体负责任。并讲到知识方面和精神能力方面。但这都是个人的，不是社会的。今天讲的是要从社会方面着想，使学校的道德教育怎样可以把道德的目的与社会的目的认为一个东西。

从前讲演差不多时时提起教育的目的是为社会的。其实，所谓的目的便是道德的目的。例如单讲社会的目的，其意就是要养成一种人品，能在社会有益，能做社会有用的一分子，这个目的自然就是道德的目的了。须知道德有三个部分：（一）知识；（二）感情；（三）能力。先有了知识，知道因果利害及个人与社会的关系，然后可以见诸行为。不过单有知识，而没有感情以鼓舞之，还是不行，所以，又要感情引起他的欲望，使他爱做，不得不如此做，对于社会有一种同情和忠心。但是，单有知识感情还没有用，所以还须有实行的能力，对于知道了要做和爱做不得不做的事体，用实行能力去对付它。

实际的问题是，怎样可以使学校教育的学科，如语言、文字、算学、历史、地理、物理、化学等，不但使学生记得，还要使他懂得社会方面的重要。他的知识能增加社会方面的同情，他的训练有实行社会生活的能力。所有学科都应做到道德的三部分，就是使每种学科都是社会的。例如，语言是彼此交换意见的工具，一切行为和意见的较为统一都是语言的效能，更容易知道是社会的。因为没有语言，意见行为不能相通，便不成为社会了。

从前的社会生活完全是地方的、局部的，所以，只要语言就够了。语言用不着学校的帮助，因为我们知道小孩子一大半的语言都是自动地学来的，不是到了学校才学起来的。后来渐渐有人往别处去旅行、通商或做官，把地方的社会逐渐打破，于是知道写下的文字的重要，只靠语言是不够的了。世界普及教育何以发生得这样晚，就是因为交通不便，各处本来是地方的社会的缘故。

现在各国都从地方的生活变为国家的生活，所以大家都知道共同文字的重要，因为既从地方的变到国家的生活，对于一国过去的历史、将来的预算和世界的关系，都非了解不可的了。中国土地如此其大，交通又不甚方便，方言又如此其多，所以文字的问题格外重要。从前只有这些语言自然够用的，现在却不够用了。所以，基本的问题是怎样找一种共同的语言，以为真正的民治共和国家的工具。

我曾听见许多外国人或中国人说，中国人没有爱国心，没有共同生活的习惯，要共和是做不到的。其实，这句话忘了一件重要的事实，就是世界各国在一百年前也都是如此的。没有普及教育和国家观念的民族，阅书看报既然不能，交换意见须藉口语，如何指望它能有共同生活的习惯？只要教育推广，各地人民都能读书看报，知道过去将来的利害，和本国各部及外国的关系，自然能养成共同生活的民族了。

故真正的共和国家非用语言文字来解决不行的，因为语言文字是社会生活的工具。我对于中国语言是外行，不能有解决的方法，但从道德的社会的目的着想，有两件事可以主张的：

（一）通信、作书、作报及交通应用的文字，都应该与国民大多数人日用的语言相接近；倘离得太远了，决不能养成社会共同生活的观念。近来中国白话运动的成效有这样的速，大概就是人人知道需要大多数日用的语言的缘故。

（二）注音字母的问题。注音字母能于一个月中使失学的成人容易读书，这话再三试验，既属的确，那是它的效用，实在很可惊异。长成的人已经失了求学的机会，倘能于短时间内得有若大的效用，则简直比西洋文字还快得多多。例如英文一年学成要算是很快的了。注音字母比从前繁重的汉文，其功效之大，不待言了，不过只有几个注音字母也是没有用的：一方传播注音字母，一方尤须预备进行、发刊注音字母的读物。

我单提出语言文字来讨论，不过是举个例，其余各科也都有社会的作用。语言文字不是个人认识了可以摆架子，表示自己所受的教育比别人格外高深之用。也不是专为个人可以自修之用。其用在于养成社会共同生活的观念，扩充眼界，不为地方的局部的观念所限。通信作文等等都是最重要的作用；再大而至于社会共同的知识学问、遗传习惯，不但感情方面，还及于知识能力方面。故道德不是直接的，是间接的，各方都可以助成社会的习惯、能力和感情，便是道德的教育。

我此刻不必一一遍举算学、历史、地理、物理、化学等每科在社会方面的利用，做道德教育的重要工具，诸君可以推想而知。我今用一句话总括起来：教育的社会的目的和道德的目的的意思，可以把教授法、管理法和组织法一起贯串。吾们很可以把这观念做个试验，看它是否能养成社会所需要的品格。我想以这个观念贯串教育的宗旨，看它哪一点成功、哪一点失败，然后逐渐地修正，一定得到很好的结果的。道德教育的重要就因为它无往不在，所以断不是修身伦理等科一二小时的训练工夫可以办得到的。唯各方面都含有这道德教育的大目的，然后可以做到。

从哲学讲，道德教育的含意很深：最重要的是“个性”与“社会”的关系。道德教育不如旁的教育。它一方面发展个性，养成个人的知识能力感情，一方发展之后，还须使社会的同情格外增加。所以，问题在怎样使个性发展，同时并把同情的范围扩大，对于社会情愿尽忠，情愿牺牲。

这个问题之所以困难，因为社会与个人很似背驰的。所以倘个人方面太注重了，或社会方面太注重了，都有流弊。个人方面太注重时，每每流于自己出风头，不惜凌驾别人，或独善其身，与别人没有关系。社会方面太注重时，又每每流于个人不负责任，以为古代如此，大家如此，我何必有所主张。故个人与社会不但方向不同，直似互相妨碍；道德的问题自很难解决了。

这个问题与民治主义的问题是一样的。怎么说呢？民治主义（democracy）也有同样的两方面。一方要使人人的个性有充分发展的机会，无论门户家产等级都须有机会发展他天然的能力。一方还要顾到社会方面共同意志的需要。换句话说，就是人人发展他的个性，因为期在能做社会中有用的分子，辅助共同意志的表现。共同意志是至高无上的，个性的发展在能对于共同利害负责任，有牺牲的精神。民治主义的社会个人两方面，与道德问题的社会个人两方面是一样的。

学校教育怎样可以帮助解决这个不但是道德并是民治主义的问题呢？就是学校不但是预备将来的社会生活，简直学校本身就是社会生活。学校本身既当作社会看，那么也同社会一样，有个人社会两方面。个人方面，一点一点地把他禀性所近、嗜好所近或特别善良的个性提出来，使他能充分发展。社会方面，养成他的社会的知识，使他知道现在和将来社会的种种需要，及各种行业对于社会的种种关系。再说，共同生活尤须有牺牲的精神，情愿牺牲自己的利益，为社会共同的利益谋发展。这样而后可以做到将来社会生活的目的。

学校内的民治与外面的民治一样应该注意的重要之点，就是每一个人不是只配做领袖，也不是只配做辅从的。民治的大仇敌就在一面少数人只做领袖，不做辅从；一面大多数人只做辅从，不做领袖。真正民治精神在乎领袖与辅从都从才具上分出来。甲对于某方面有长处的，在某方面是领袖，同时对于没有长处的方面，还是辅从。乙对于另一方面有长处的，在另一方面是领袖，但对于甲的方面仍是辅从。这样领袖和辅从同时交互并作，才是民治主义的真正目的。

团体中领袖是不可少的，但只做领袖，不做附和，只出令而不受令，则习惯范围狭小，渐渐与大多数人隔离，不能做团体的一部分。倘不做领袖不能发展天才，在学校中只知附和先生所讲，或附和教科书，或附和同学，这种人对于团体非但不能有所贡献，简直是团体以外的人。补救的方法就是使领袖人才越多越好，一方做领袖，同时在他方做附和。讨论商量的结果，以全体的力量执行。领袖者一方拿出人格上势力来，同时一方受许多人的贡献，则领袖者也得益处。结果，大多数人都是团体的一部分，才是道德的民治的问题的解决。

我布置这个16次讲演的时候，不知不觉中有一个意思常常在脑子背后。我到中国是五月初一，正与中国学生运动同时，所以脑子背后时时有一个学生运动的影子。讲演虽然不是处处说到，但却处处想到。学生运动可以表示一种新觉悟，就是学校教育是社会的，它的贡献不但对于本地、对于小群，还能对于大群、对于国家。运动初起时未必有此，但进行之后不知不觉中却有此趋向。大半年来，言论上似乎有点觉悟，从前已经辜负了，此后对于社会国家想不会再有十分隔离的了。这好像是学生运动的意义。

这个运动的起来，稍微有点观察的人都可以看出几点短处：

（一）偶然的。因为原于意外之事的发生。

（二）感情的。因为实在愤激了、忍不住了，遂起来的。

（三）消极的。因为是阻挡禁止一件事体，不让它做去。

这三种短处，即无论如何热心的人也应该承认的。但是，进行以后，渐渐有意识的觉悟，知道教育有社会的责任和社会的作用。我希望这个趋向逐渐前进，不枉费于缺陷：从偶然的归到根本的永久的事业上去，从感情的归到知识的思想的事业上去，从消极的归到积极的建设的事业上去。

我们这样讲并不说感情可以不要。感情是要的，但须受思想的支配，用到基本的问题上去，不要把感情能力用在偶然的消极的事故上，白白糟蹋。这才是有意识的运动，才可以把中国逐渐革新。西洋有句话："罗马不是一天造成的。"所以，问题是很复杂。语言文字普及教育，使人人受其益处。经济方面更复杂了，要有计划发展天然富源，免致贫富不均，闹出阶级战争的惨状，蹈欧美的覆辙。这全赖诸君受高等教育的去做有恒的事业才是。

社会哲学

与政治哲学演讲

一　社会哲学与政治哲学的派别

我很感谢北京大学校长、教育部、尚志学会和新学会，使我今天得来此讲演，实是我国际的荣誉。

我这16次讲演的题目是"社会哲学与政治哲学"，便是关于人类共同生活的学说。诸位须知学说发生在后，正如人先会吃饭，然后有生理学、卫生学；先会说话，然后有修辞学、文法学、名学。社会与政治的哲学亦然，人类先有制度、风俗、习惯，然后有社会哲学与政治哲学。

人类有一种天性，遇需要时，自有一种动作去适应他的需要。例如饿了要吃，倦了要睡，久而久之，便成习惯了；却从没有人发生过疑问，我们为什么要这样？这样了便如何？不但没有人发生过疑问，并且不许别人发生疑问，有许多志士往往对于制度、风俗、习惯发生疑问，以致牺牲了性命。历史上的证据很多，希腊的苏格拉底便是个最显明的证据。只因他喜欢发生疑问，人家便加他一个妖言惑众引诱青年的罪名，把他毒死。这便是最初社会不喜欢学理的证据。

这样说来，凡是思想和学说，都是讨人厌的东西，便应大家从了制度风俗习惯走，如何还会有社会哲学与政治哲学发生呢？大概思想学说的由来，都在遇着困难的时候。譬如走路，遇了困难，才发生造舟车的思想。不但个人的思想如此，便是人类共同的思想，亦复如此，总要一切制度、风俗、习惯，到了一个时代，感着不适，然后才有社会的思想与政治的思想发生。所以社会哲学的发生，一定是在社会有病的时候；政治哲学的发生，一定是在政治有病的时候。

从历史上看去，要是人的身体没有病，一定不会产生医学、生理学、解剖学的。因为只有人的身体遇了伤、染了病，才有医学、生理学、解剖学。社会政治亦然，必是人类共同生活有了病，才有社会哲学与政治哲学。试看历史上希腊哲学的发生，正在它纷乱征战的时候；要是希腊没有这种纷乱征战的情形，决不会有柏拉图、亚里士多德等的学说发生。我的意见如果不错，那么中国各种学说发生，亦当如此。要是在老子、孔子的时代，中国的社会与政治没有病，也决不会有老子、孔子两大派的学说发生的。

以上所讲的，不过是社会哲学与政治哲学发生的原因，现在要讲发生以后的影响。社会哲学与政治哲学既因社会和政治有病，然后发生的，那么是种空言病状的诊书呢，还是真能医病的药方？譬如汽车的汽，是呜呜然放出的呢，还是真能发动各种机械的呢？这一点是应当注重的，也是现在所应当讨论的。

一　社会哲学与政治哲学的派别

我提出这个问题，是论学理与事实的关系如何，就是社会哲学与政治哲学对于实际的社会与政治，有什么影响。关于这个问题，有两派极端的学说。（一）是极端的理想派。这派以为学理对于实际有极大的影响，没有学理，便什么都没有。他们的缺点是忽略人类的习惯，自然的倾向，和种种没有智识的行动，这是太理想的了。例如这次欧战，依这一派人说，以为都是两种学说冲突的结果。（二）是极端的唯物派。这派以为无论什么理想，都是物质的果，不是物质的因；学说也不过是一种果。这一派的人无论批评什么，都应用唯物历史观的。他们注重生活状态、政治组织和经济上的利益，甚至批评某种美术，也说是某种生活所发生的。

这回大战，依唯物历史观的一派看去，完全不是思想的冲突，是物质上的冲突。德国在战前，物质发达已极，不得不向外发展，所以要争海上、商业、殖民地等霸权。就是英国方面，也有许多物质上的动机。这固是不错。但是按这一派说来，简直完全是物质的，一切哲学宗教都是物质所生的结果，甚至于正义人道文化等好听的名词，据他们说来，都是资本家和军阀造出来哄人，作保护自己物质的器具，这也太过了。我提出这两派相反的学说来，并不是想批评它，不过略为研究，好引起第三派的学说来。第三派的学说是最公平的。大概思想学说最初发生的时候，都是果而非因，但发生以后，它又变作因了。思想学说很像漏斗一般，漏了什么东西到什么地方去，便和什么东西发生关系。思想学说一经传布到人，人有摹仿、崇拜的心理。在这人是果，传到那人又变因了。对于思想学说在社会上政治上要发生什么影响，所发生的影响怎样是好，怎样是坏，这是我们要讨论的。

思想发生以后，第一种功用是把流动的变为凝固的，暂时的变为永久的。如有一件变迁不定、一瞥即过的事实，把它抽象地提出来，变了一种学说，便凝固了，永久了；这个关系实在太大，往往引出危险。如罗马旧教把亚里士多德的学说采为正宗哲学，便是一个例子。又如东方孔子的学说，一经许多儒家的著述，便两千年相续到今，也可以想见这种功用的厉害了。

第二种功用便是在最危急的时候，可以维持许多人的信仰，去做很重大的事业。例如这次欧战，只把自由、正义、公理战胜强权，几个名词可以使多数人去战争。这可证明唯物历史观一派的错误。若说这些都是资本家军阀所利用的，那么我要问问，他们为什么单要造这些空名词，这些空名词又怎样能号召人去打仗呢？于此可见学说的势力，也可见人类的动作，不单是物质的动机。

以上所讲的两种功用，不单是好的学理有，便是坏的学理也有，不过好坏的效果不同罢了。我们现在先讨论从前社会哲学与政治哲学的派别，然后再讨论现在是否有一种新的社会哲学与政治哲学的需要。

大抵这种派别，与人类性格的分类很相近的，不外急进和保守两派。急进派不满于现在的社会政治，往往想把它根本推翻，另造一个“乌托邦”。

这一派对于现代社会政治，简直不睬，另有超于现在的社会政治。从历史上看去，这一派往往在先，保守一派往往在后。例如希腊，先有柏拉图，后有亚里士多德，柏拉图先不承认当代的制度，自己想出个“共和国”来做他的乌托邦，然后有亚里士多德的保守论。又如中国，先有老子的哲学，后有孔子的哲学。老子不满足于当代制度，要去破坏它，另造个乌托邦，他的乌托邦是小国寡民，想诸位早已经知道了。

第一派的学说不承认现代制度，要求他理想的制度，所以注重个人——个人的自由、个人的良知、个人的本体；第二派也不是满意于现代制度，不过以为现代制度不是完全不好，它本身也自有它的道理，后人没有照着它做，所以坏了，我们只要去找出它原来的道理来改正或改良现制度便好了，所以趋于保守。

两派的区别，大概第一派主张抛弃现制度，另创乌托邦，第二派主张求现制度本身的道理；第一派注重个人的反省，第二派注重研究和考察。自从有了这两大派的学说，社会和政治事实都受了影响；有许多人才都是因此发生的，所以我们不可不注意。

历史上固然有许多社会哲学与政治哲学的派别，但是大概只有上述的两大派。我形容这两派学说，不免说得过火一点。我的目的，是要说出社会政治的背景。因为人类有一种通病，不是过便是不及，前几千年的人类都吃了这两种无端的亏。人类的生活，不是完全推翻可以解决的，也不是完全保守可以解决的。人类的责任是在某种时间、某种环境，去寻出某种解决方法来，就是随时随地找出具体的方法来应付具体的问题。这便是第三者的哲学。

上述两派同犯一病，便是要“根本解决”。一派极端的什么都不要，可惜天上不会掉下个乌托邦来，所以他们流于无为。一派极端以为什么都有理，只要还到本身的道理去，可惜办不到。这两派虽各走极端，所犯的病却一样。

怎么可以使人类的智慧，指挥监督他的动作，应付一时间一环境的问题，便是现在要讲的社会哲学与政治哲学。

二　科学精神对社会哲学与政治哲学的影响

19世纪欧洲思想史有种共同的趋势，便是创造社会的科学，关于人生的科学——把从前的自然科学，如物理化学等的方法，渐渐应用到人生方面来。可见科学的方法可以应用于社会政治方面。今天所要讲的，便是这科学精神对于第三派社会哲学与政治哲学的影响。

近世科学最初的起点是和人生关系很少很远。所以第一步是天文学，进而为无生机的物理学化学，再进而为有生机的植物学动物学等。到现在知道人生也可以用科学的方法去研究。结果发生了许多人生科学，如人类学、经济学、政治学，以及宗教、历史、言语等学。这都是用自然科学的方法应用到人生日用社会方面去。

这种种科学的发生，无论它的成败如何，但有一句话可说，便是人类的思想变迁了。从前以为只有自然现象可以用科学的方法去研究；关于人生的方面，何等繁复，何等不规则，决不能用科学方法去研究的。但是，近来却知道人生虽是繁复，虽是不规则，也可分析到简单，并找出它的规则来，便也可用科学的方法去研究。这点可以证明人类的思想是变迁了。

社会科学家发明了许多社会科学，但又看不起社会哲学。他们以为哲学是玄谈，没有根据，不像科学有一定的律令，所以不值得去研究。

我并不想去批评他们，但是对于社会科学有一点可以说的：他们把一个时代一个区域的情形做了通则，以为百世而上、百世而下，东海、西海，都可应用的。例如，科学的经济学发生很近，时代是19世纪，地域是西欧，他们把当时当地的经济状况找出条理来，作了经济学的原则，以为上下古今都可适用。这是社会科学所常有的错误。

就经济学发生的事实来看：（一）当时的经济组织是大资本制度，出产很多，销场很广；（二）经济发展的方法是竞争的，不是互助的；（三）经济组织的目的纯在赚钱，不在社会公共利益。经济学上的各种通则都是根据这种事实发生的，本是从一种特别情形特别事实底下的通则，如供求定律之类。他们却要不论什么时候什么地方都去应用，变了公共的通则，又不许人家去修正。所以，卡莱尔（Carlyle）、拉斯金（Ruskin）一辈人要根本推翻这种绝对的定律，以为这种是愁惨的科学，只可应用于一时一地，决没有普遍性的，所以，后来又另创了一种历史的经济学。

刚才所讲的一节，用历史的眼光来批评它。凡是一时代所发生的通则，时代变了，通则当然也变了，所以没有一种通则可以称为定律。历史是继续不息的，通则也是继续不息的，所以，无论哪一天决不能得一最后的通则。

我所以提到19世纪的社会科学，有两层意思：第一层意思可以分两方面说。（一）消极的方面。社会在哪里长进，历史也在哪里进行，所以要哲学去帮助它解说，不能单用描写或记载的态度，多少总要些理想。（二）积极的方面。社会科学发生之后，使人类思想变迁，知道人生的活动也可以用科学的方法去研究它。然后，社会哲学从空中楼阁降下地来，使它带些科学的精神。这些精神是：（1）注重事实；（2）不尚武断；（3）不敢以为最后的；（4）不是天经地义，不过拿来做应用的假设。因此，成了带社会科学色彩的社会哲学。

第二层意思是说：社会科学介绍了科学的精神与社会哲学，而成为我现在所讲的第三派社会哲学。这种哲学有三个特点。（一）实验的。从前的学说都不根据人生日用的事实。现在这派学说是人生日用处处可应用的；应用的结果便可证明或反证这学说的好坏，我们便可把智识和学理来指挥向导我们的行为。（二）特别的。从前的学说不是笼统，便是普遍。现在这派的学说是不用全称，不是笼统，都是特别的，没有普通的。（三）他的目的在养成智识观念，可以随时随地补救特种情形，解决特种问题。

这种新的社会哲学把智识学说看作指挥人生的一种工具。科学本分两种，一种是纯粹科学，一种是应用科学。现在可以应用科学比这种新的社会哲学，纯粹科学不把人生欲望与意志放在里面，这种社会哲学把纯粹科学的道理应用到人生欲望意上去，不但不排斥欲望与意志，还用学理去帮助欲望与意志，使它不陷于痛苦，不往邪路上去。

纯粹科学完全是旁观态度。譬如天文学：月亮的圆缺都不与我们相干，我们的欲望与意志一些也不能加入。应用科学不然，譬如医学，把医生自己也作研究的一部。我们研究社会哲学要用应用科学的态度，以学理帮助指导人的行为去达它的目的。这是工具主义的态度，便是实验的态度。

社会哲学不是纯粹科学，乃是应用科学。如经济学的目的，是帮助人类经济的活动向哪一方面走，才能得到最大最多的生活。政治学也是如此。政治要怎样组织，才能得到最大最多的人生幸福。社会学是一种技术，政治学也是一种技术，社会哲学政治哲学是指导它们，哪个对，哪个不对。这便是社会科学与社会哲学的关系。

再把医学来举个例，有一种是画符念咒、说病卖药的游方医生所用的医学，有一种是根据科学的医学。科学的医学把智识来指挥帮助它的技术，可以使人生得到利益。社会科学亦然，从前没有学理来指挥向导人类的种种行动，便万事听皇帝、听长官，以为有好皇帝、好长官，便有好政治。这都是听天由命去碰机会的。推而至于各种人类的科学都是如此，不要靠天、靠旁人、靠机会，要用科学的智识来指挥一切、向导一切。

简单说，社会哲学何以要把它当作科学来研究，第一点是现在人类进化到这样地步，交通便利，调查容易。现在要去调查各种社会政治的情形都是人类可以做到的，倘再不利用现在的文明，把科学的智识来指挥人类社会政治的行为，可以发生很大的危险。偶然的一件事，便把几千年辛苦经营的东西都废坏了。

第二点关于方法。从前的方法是笼统的、抽象的、理想的；现在的是个体的、特别的、事实的。它还须注重个体、特别、事实与通则、通例的关系；如社会哲学要研究各地各种的时势，使与通则、通例发生关系。

譬如铁路工程决不能造一条笼统的理想的抽象的线路，却一个个都是具体的特别问题；如河流、山道、道路的高低，以及工程的经济，都要算计算计的。

欧洲思想史上有个例，17世纪是个纷乱时期，有宗教战争，有政治战争，有朝代战争；因此，当时便有一种国家主权法律和秩序的需要。所以，当时的学说没有不注重国家主权法律和秩序的。这是一个时期一个地方的一种特别情形。以后却变了，无论什么时候、什么地方，都应当如此。至今还有人崇拜那国家主权、秩序、法律；我们还看见这等学说在中欧的危险，结果发生这次的欧战。

到18世纪下半期19世纪上半期，恰好有一种相反的状态。自从蒸汽机发明以后，生计状态大变，从前干涉的学说不适用了；而且发生一种极端相反的放任主义、个人自由主义。可是这种主义到现在又不适用了。这种主义的流弊是被资本家利用。没有势力的人与有势力的人战，当然是没有势力的人失败的。所以，哲学离开了时代和环境去讲，是很危险的。

旧式的社会哲学只是两极端，一是对于社会下总攻击，一是对于社会下总辩护。现在我们所讲的第三派哲学，不是总攻击，也不是总辩护，是要进步，可不是那天演的进步，是东一块西一块零零碎碎的进步，是零买的不是批发的进步。

现在世界上无论何处都在那里高谈再造世界、改造社会。但是，要再造改造的都是零的，不是整的，如学校、实业、家庭、经济、思想、政治，都是一件件的，不是整块的。所以，进化是零买来的。

以上所讲各方面零零散散的改革都是很复杂的，几乎无从下手。须要一件件地把它分析开来，然后一件件地做去。今天到此听讲的人，学生居多。学生啊！你们以各人的知识一点一点地去改革，将来一定可以做到我们理想中的大改造。

三　人群与人群的冲突

前两次讲演社会政治的哲学不是凭空发生的。社会政治有病的时候，才有医社会病、政治病的学说发生。这学说有三种区别：（一）悬一个理想的目的与现状根本不同，去根本改造现社会和现政治。（二）不如第一派的激烈，却想找出个根本大道来，去补救修正现制度不良的地方，结果是毗于保守的。（三）与上两派都不同，是想随时随地去找出现制度具体的病来，谋具体的补救或修正。

我们今天所要讲的是第三派的学说，也把那第一第二两派的学说提出来略为批评。某种学说发起于某种病的时候，这学说的目的，在修正或补救这种病。我们对于现制度去解决，具体的问题之外，还须有一点能指导全体的观念。譬如航海，有了罗盘，一定还要有地图，所以我们要知道社会动摇的原因在什么地方，是什么东西与什么东西的冲突，有了这样的地图，我们才可想出什么修正和补救的方法。从前旧派的学说总好说两两相对的名词，如说个人与社会的冲突、人民与国家的冲突、法律与自由的冲突等，连冲突的具体原因都看不出来，还说什么修正补救的方法呢？我们现在所要找的，还是那具体的事实的原因不是几个抽象对立的名词。

现在我们要提出第一个观念来，凡是一种冲突，不是社会与个人、国与制度，实在是人群与人群的冲突。什么是人群？人群是人类有公共的目的去共同活动，小而自于一个游戏的组合——像球队——大而至于国家种族，虽则大小不一，但是人群与人群既有许多接触，便不能不有冲突。所以凡是冲突的发生，都是人群与人群的冲突。

有一种需要和兴趣，自然会有一种人群发生。譬如男女之欲，是一种天性的情欲，有了这种需要，然后有男女居室，成一家族。又如饮食和自卫保身之欲，也是一种天性的欲望，有了这种天性的欲望，然后有商工业、交通业。人类又有权力的天性，所以有纷争，有纷争然后有政府，有法律，有国家。人类又有信仰的天性，所以有宗教。这都是人群所以发生的原因。总而言之，人类的天性、情欲、兴趣、需要，每一种天性、情欲、兴趣、需要，便可发生一个人群。

以上不过讲人群发生的原因，现在要提出第二个观念来，便是人群与人群冲突的原因。譬如我住家庭是一分子，在宗教国家等等，也都是一分子，本来分不甚清。可是这许多人群不能同时平等的发展，这便是人群与人群冲突的原因。从历史上看去，往往人群的发展偏向着一方面，其他的方面不是赶不上，便是被压下了，久而久之，积了几百年，那赶不上或是被压下的一方面，便要对于发展的一方面发生冲突了。我举以下的几个例子。

第一，宗教的群。欧洲中古时代，从公元500年到1500年，足足的一千年。在一千年里头，宗教组合最占重要的位置，其他如家庭的组合、政治的组合，多统属在宗教组合之下。它提倡独身，便将家庭的组合压下了；它注重精神，提倡克欲，便将因饮食保身等事发生的工商业、交通业等经济的组合压下了；推而至于美术，它反对的是耳目之娱，结果只有宗教的美术——便是用美术做宗教的奴隶。再推而至于教育，也只有教会的教育，它怕科学发达去破坏宗教的根本观念，所以把别种教育组合压下了。从这个时代以后，宗教与政治等各方面常常发生冲突，打了几百年仗，到现在如意、法等国，还常有宗教和政治等问题发生，可见这个问题还没有完了。

我举这个例是说明宗教的组合在历史上占了奉为一尊的地位，把别的人群——政治、家庭、美术、教育等——都压下去，做它的附属品。这是很重要，因为历史上，除了三个例外，没有一处不奉宗教为一尊的。那三个例外是：（1）希腊，（2）中国，（3）美国。实际美国还算不得例外，因为美国的历史很短，它的老祖宗已经过了这奉宗教为一尊来的。美国不过是前人播种，后人收获罢了。除了这三个例外，没有不经过宗教独尊，把别的组合压下去做它的附属品。这不是很重要的例子吗？

第二，政治的群。学者所讲个人与社会的冲突，有时不是个人与社会的争，是家庭与宗教的争。譬如宗教主张独身，便成了独身的社会。但人有情欲的天性，要有男女居室，宗教的社会不容许它。看似个人与社会之争，实是家庭与宗教之争。所以，不能把争的方面当作争的原因。除此以外，政治的组合在历史上也曾占过特殊地位，也曾把别的组合，如宗教家庭等，压下去做它的附属品。现在有一段故事可以拿来证明这件事。有一个西洋人与印度人论东方所以不振的原因，西洋人说：“东方人不能振作，因为土人太守旧。例如印度土人负重，向来用头去顶的，有一天叫他用车子运煤，煤虽载在车上，车还顶在头上。就此可以证明东方人被习惯的势力绑住了，所以不能维新。”印度人反驳他的话很可证明政治组合的特殊地位。印度人说：“东方人因为习惯所囿，所以，印度土人用头去顶车。然而，西洋人靠小车子载煤，小车子仿佛是政府。西洋人把政府当车子用，不知靠自己的力量去做事，却把政府的地位看得太重了。”西洋人把政府实在看得太重，别的不说，单说欧战以来，政府占了极重要的地位，什么路咧、矿咧，以及经济、财产、教育，都给它掌握。结果我们知道有许多的明白人发生疑问，究竟国家政府应否有这么大的权力，把一种组合压倒其他种种的组合。将来这种种怀疑，一定是有加无已。

第三，经济的群。方才所举第一个宗教的例，第二个政治的例，都是把一种组合压倒其他的组合，这等状态是否合理，早已发生疑问。现在举第三个例，常人都说美国物质文明发达，是毗于唯物观念、金钱主义的。这话虽不尽然，实际美国的经济组合确占特殊地位，把政治组合都压倒了。大资本家压倒政府，有时竟不晓得政府在哪里，还疑惑它在大城镇里的大工厂里咧。这种经济独占的流弊，使文学美术等等都落在欧洲之后，现在虽随时想去改正，将来终难保不发生冲突。

第四，家庭的群。家庭的组合，有时也趋于一尊的地位。这是很自然的事。因为家庭之于人类所包的方面极广，是政治的、经济的、宗教的、教育的组合。所以，它的趋势，渐渐把政治等等都压倒了，去受它的支配。最初，家庭是个生计的组合，如衣服、饮食、奴隶、牛马、妇女，都是它的财产。它也是个教育的组合，这个例很明，凡人没有不受家庭影响的。推而至于政治：家庭制度便是由酋长制度所蜕化。再推而至于宗教：家庭也是宗教的首领，在家庭里的人一切崇拜、供献都由家庭率先引导。所以，家庭最容易到一尊的地位，把政治、经济、宗教、教育等组合，都压下去了。

家庭的组合在人类生活上，本是很重要的。亲爱、和睦，以及保护幼弱的慈悲观念，都是从家庭生出来的。便是宗教家的胞与观念，也是从家庭生出来的。可是也有它的流弊：其一，偏于保守。保守一部的权力，传与一部的人。因之思想等等都变成死的、硬的。其二，不平等。既提出一部分来掌握大权，它部分自然被压下去，不能充分发展。

第五，地理区域的群。这是最后的一个例，小一点是邻居观念，大一点是同乡观念，根据地理上的区域作种种组合，与以上几个例略为不同：同党同教的人，可分在许多区域里；反之，一个区域里可以有许多不同党、不同教的人。好的方面，是把宗教、政治等等的不同，都联在一起；坏的方面，便是区域的观念太深，此疆彼界分得清清楚楚。国界、省界、县界等等都从此来了。

以上所讲是说的我们现在所讲的哲学的要点，我们要去补救修正现社会、现政治，须先知道群与群的如何接触、如何冲突，从前社会政治的动摇，都是不知不觉的，随它自然地变迁，经了几十百年，去收它的结果。我们既生在现世，不要学古人那么糊里糊涂的行去，第一要研究社会上冲突的是些什么东西，第二要观察哪一种组合太趋前了。研究了这两层，然后知道这种畸轻畸重的地方，然后才能去讲修正补救。总要使各种组合同时平等发展，即让一步，也要使各种组合不但不互相冲突，并且互相为用。所以这一派的学说并不是要一种组合趋前，是要各种组合都趋前，你取我与，我取你与，即不是完全保守，也不是完全推翻，先看出那畸轻畸重的地方来，然后去补救修正。这种学说或者可以代替上述两派太笼统的学说。

四　人与社会的冲突

前几回所讲的两个要点：第一，一切社会政治学说的起源，都在社会政治纷扰不安的时候；第二，社会政治所以纷扰不安的原因，起于偏重一种人群的利益、兴趣，把别种人群的利益、兴趣都压下去；结果一种人群独占优胜，那被压下的不平起来，便与优胜的发生冲突。

这种讲法，与从前政治哲学史、社会哲学史普通的讲法不同。诸位研究过政治哲学史和社会哲学史的，应当知道这种学说与从前陈说不同的所在。大抵从前的陈说有三派：第一派是竭力提倡个人的自由、权利、尊严。这是个人主义。第二派是不承认个人的自由、权利、尊严，注重全体的权利、制度、法律和秩序。第三派是调和于两者之间，讲究调和的方法，怎样使个人与社会调剂，怎样使自由、权利等等与制度、法律、秩序等等调剂。这三派的学说只是一方面是个人，一方面是注重社会。我们现在所讲的却不然，我们所讲是一部分的人群占了优胜，它一部分的人群去和它冲突。

今天要提出两个大问题：第一，倘使以上这些话是对的，何以三四百年来的许多社会和政治哲学家都错了？旧的社会和政治哲学史上所谓个人和社会的冲突，究竟有什么意义？第二，我们现在的新学说和向来的旧学说有什么区别？还是单是纸片上、讨论上的不同呢，还是实际上有根本的不同呢？

现在先讲第一个问题，便是向来传下来的旧学说所谓个人和社会冲突究竟有什么意义？简单说，这冲突实在不是一方面个人，一方面社会的冲突，而是两个社会的冲突。大抵一种人群已占优胜，变了社会上公认的社会；那反对的一面也是种社会；不过前一种是已经公认，后一种是以未经公认，有点不同罢了。从社会上看去，似乎后一种是以个人去反对社会。其实，它们所以反对，也为的是社会的利益、兴趣等等。所以，与其说个人反对社会，毋宁说一方面太占优胜，过于自由，它一方面也并不是反对法律、制度等等，不过是想加入一点于现社会里，去管理它、修正它罢了；明了了这一点，对于所讲的更有头绪。

所谓冲突的两方面，都是个人，也都是社会。优胜的一方面，也是个人，也是社会；反对的一方面，也是个人，也是社会。但是，前者已经社会的公认，后者还是将来的罢了。最显明的例子，第一如宗教，本在精神一方面，当时却屡与政治的人群冲突；第二如政治也时时和别的人群冲突；第三如思想自由，更为显明，像伽利略、布鲁诺等，都为这冲突被人非难，受许多苦痛。就

杜威访华时与中国友人合影

这种例根本看去，不过一部分的利益已经社会公认，还有一部分方兴的利益，当时未经承认，并且与现状冲突，大家以为有危险，这不是个人与社会的冲突，是这一个以利益为中心的人群，与另一个以利益为中心的人群那里冲突。

例如所谓宗教与科学的冲突：中世纪的教会确是社会公认的；它们的话便是社会的法律；一切立法、司法、教育等等，都在它们手中；它们替社会保存礼教，维持安宁秩序；它们就是社会，社会就是它们；与它们冲突便是与社会冲突。一部分的新人，要发表意见的人，从它们眼中看去，是乱党，是叛徒，是自私自利。其实，它们自己把持了社会，名为替社会维秩序，实是替自己保利益，这倒是它们自私自利的铁证。

最好的例子便是东方人所常见的家庭：东方人以家庭为中心，家庭制度的利益，便是社会的利益，和它冲突，便是大错。年长的男子父兄居一种特殊的地位，把卑幼、妇女的利益、兴趣都压下去。后来时代变迁了，子弟要说一两句话，要选择自己的信仰、职业、朋友、配偶，父兄便觉得这是与家庭制度的利益冲突，这也是与社会的利益冲突。其实，子弟所要求的，也代表一种社会的利益，不过没有经社会公认。所以，冲突的两方都是社会，不过一方已经公认，一方未经公认罢了。

总而言之，从前所谓社会与个人的冲突，是两种个人、两种社会的冲突；不过一是已经公认，一是未经公认；那未经公认的，社会上便不当它是社会。凡世界上革新家的革新运动，都是经过三个时期。

（一）是默认时期。例如女权运动——女子解放运动。19、20世纪，可称是女权运动的时期。从前男子所独享的权利，现在女子也要求分享。可是从前的女子都忍受种种不平等的待遇。英国法律，夫妇只算一个人，那一个人是谁，便是丈夫。大家都以为这是天经地义，不足为奇。这便是默认时期。

（二）是抗议时期。大抵社会上经了一种变迁，新思想加入，新需要诞生，便到这个时期。例如女权运动，在实业大革命之后，当时家庭手工不适用了，妇女受了种种经济上的压迫，渐渐到社会上去求生活，她们的习惯经验都变了，教育上亦受了些高等教育，渐渐知道社会待遇不平，要加入社会的秩序、管理。然而，旧制度（男尊女卑的制度）还存在，运动的人还是少数，她们所要求的这个那个，便要发生冲突，这便是历史上所谓个人与社会的冲突。当时，社会当她们是个人，她们也自承是个人，所以她们要提出个更高的理由叫“天赋人权”。这时，一面是争自由权利，一面是代表社会已成的秩序。

（三）是成立时期。人数渐多，渐有组织，渐有势力，渐有实行的机会，性质便不同了。这时有了一种社会的作用，人家不说是争权利，而说是尽义务，渐渐变为社会的一部。上述的例子不过举其一端，其实，历史上所谓个人与社会的冲突都是这样。无论哪种革新运动都要经过这三时期，劳动运动也是如此，我今不再举例，诸君可以类推。

再讲第二个问题，便是我们提倡的新学说，与向来的陈说是否仅仅纸上的不同，还是实际的不同？这是实际的不同。凡是从前一个革新家去作革新运动，总要吃许多亏；社会与他为敌，他自己也觉得与社会为敌，社会上一切制度，都是不好的；最后甚而至于暴动，要用不正当的手段，去根本地解决，去笼统地改革；这是很危险的。现在，我们的学说是要教革新家用一种研究的态度：第一步是问他的方法，现在有某种需要没有做到，某种有用分子有用能力没有发展，某种改革某种新制度应去推行：这是种研究的态度。第二步要问那种方法真不真，好不好，革新家便也进了一步，知道他攻击人是不差的。但是，他所提出的这个那个，是否可以代替原有的这个那个：这也是一种研究态度。总之，是把人的智慧用科学方法去批评研究。如是可以免掉流血等祸，旧社会不把革新家当作仇敌，而把他提出的这个那个当作社会的问题去研究，革新家也不把自己当社会的仇敌，而当是社会的一分子。

五　鉴别的标准

上次我曾发一个疑问，说旧说把一切纷乱都归于社会与个人的冲突，和现在我们说的看它作各社会的利益和机会的互相冲突，究竟在实际上有怎样的分别。我可以回答说，二者大不相同。旧说把一切纷乱都归于社会与个人的冲突，于是一方开始总攻击，一方又笼统地还攻，把应该改良的具体问题完全抛弃，只成为一种武断的意气的态度。现在我们的讲法，把一切纷乱都归于社会与社会的利益和机会的互相冲突。因此，我们应该看出哪一方有利，哪一方没有利；前者是武断的，后者是科学的：实际上不同的地方就是如此。倘照旧说的趋势，以纷乱为起于社会与个人的冲突，势必一方面极守旧，一方面极维新，大家都不肯用研究的态度。旧的人并不想怎样可以保存旧的东西，只是一味为旧的东西辩护；新的人也说凡是旧的成为制度的法律秩序限制束缚等等，都是不好的，无论如何，改革总比不改革好。固然，我们不能说大多数全是这样的极端；但当个人一味盲目维新，社会一味盲目守旧的时候，其情形确是如此。我们并不是要调和新旧，不过要想找一条新路，辨别哪一件是好，哪一件是坏，哪一件应改革，哪一件应保存，经一番具体的研究，用科学的态度，下具体的修正罢了。

譬如举无政府主义作个例，它对于政府、法律、财产、家庭、婚姻等等，凡是束缚个人的制度，都极端反对，这是个人主义的极端。其实，那真的问题并不是要种种政府、法律、财产、家庭、婚姻都不应该有，不过某种政府、某种家庭不应该有罢了。因为人性无论如何更变，总要有点限制，这是人身自然的组织，人性自然的趋势；即使完全推翻，还是要有别种限制起而代之。如让路然，虽没有法律，自能互相为让。这是免不了的限制，也少不了维持这限制。我们应该研究那一种政府、家庭等等，可以存在，应该存在。但这是方法的问题。这种方法，就是用科学的态度作我们的指导。

以上所说的都是绪论。现在再说鉴别能力的标准。我们要鉴别哪种是好的，哪种是坏的，哪种比较好一点，哪种比较坏一点，必定要有一个鉴别的标准。现在且举出几个鉴别的标准来，作我们鉴别的工具。

说到标准，往往易生误会。从前的旧说，也常常提出理想的目的作它们的标准；但是，这种标准是空想的，是做不到的；我们所说的标准，是根据事实的，是做得到的。譬如航海：如是不辨航路、水性、礁石，不用罗盘，不看地图，只说朝那目的地去，人便笑它外行了。政治也是如此，应该根据事实，从事实中找出方法，只有空想是没用的。现在的事实是根据"人性"而来的，这是社会哲学政治哲学最重要的基本。我们所说的人性，并不是空空洞洞地说人性的善恶，是研究人的性质是怎样，变化是怎样，从事实上找出人性的需要、方向和必不可少的条件，拿来作根据，然后想出怎样下手的方法。

现在且举出人性的三种需要作标准：(一)习惯风俗，(二)社会编制，(三)共同生活。个人把已往的习惯保留下来，作行事的惯例，便叫习惯；把习惯变成社会通俗的惯例，便叫风俗；再把风俗变成制度，便是礼制。把社会安排到分工易事通力合作的地步，便成有系统的组织，便叫社会编制。这两种都还是第二等的重要事件；第一等的重要事件，是共同生活。人类必定要共同生活，才可互相帮助、互相长进，这是人性顶重要的需要。

先讲第一，习惯风俗。从心理学上看来，习惯风俗是保存人类已往的经验最经济的方法。如果事事去要自己用心安排，一举一动都去设想，便把有用的精神注重到小事上去，再也没有工夫去研究重要的事体了。譬如小孩子没有走路的习惯，初学走路便太费事；又如用筷子，没有用筷子的人便不能随意应用，反要费许多精神去管住它。个人有了习惯，社会有了风俗，很是人类一件大经济的事体，是人性需要最不可少的东西。

社会风俗既已到了公认的时期，便变成一种礼制，如家庭制度、财产制度、婚姻制等便是。风俗到了人类公认的时期，便有很大的功用。风俗是天然的需要，但不能一定稳固，不必都能一致；到变成礼制的时候，便变成固定的统一的制度。大家都以为这样做便不错，不照这样做便错了。倘若没有礼制，你想那样作，我想这样作，结果便免不了冲突。霍布斯说：没有政府的时代，是个残杀的时代；有了政府才有安稳的时代。我们固然不能完全承认他的假设，但是，人类社会没有礼制便不能安稳太平，有了礼制便安稳太平，这是大致不错的。

但是，风俗这些东西有好处也有坏处。好像蛤蜊的壳子一样，有了固然可以保护蛤蜊的肉体，但是因为太硬了，往往妨害肉体的发达。习惯风俗礼制也是如此；本来是保存以往经验的方法，后来弄错了，把它当作目的，我们反来保护它；又因保护的结果，好像蛤蜊的壳子越长越硬，便把生机的发展一齐堵住了。堵住的结果便要生出冲突，便要生出拿暴力推翻一切的革命。革命并不是革新家造成的，乃是守旧党激动起来的；因为有人出死力保存硬壳子，所以才起反动的革命。

我们要想使习惯风俗礼制不致妨碍生机，不致激起革命，须要救正它，不要叫它变成死壳了。如想叫它不要变成死壳子，必须注意人的心思作用，用个人的见解来选择、批评、判断、试验它，用人的心思作用来保存生机，使它常常活泼，不要老死。

我们第一个标准，是要怎样调剂风俗习惯礼制，使它不致妨碍人性的发展，注重个人选择、批评、判断、试验的自由，不叫风俗习惯礼制变成一种死东西，才可免掉革命的危险。

再讲第二，社会编制。风俗习惯是不知不觉变成的，编制是有意编成的。编制组织好像有机体，是互相照应、互相帮助的。编制得好而完备，自然会增加竞争的能力；要想用力少而成功多，非有有系统的编制不可。

我国对于德国人虽然不满意，但是不能不承认他们的编制能力。用科学的方法来把各部分支配起来，计划出来，要克期办到，这都是德国人的好处。

但是，太偏重编制也有许多坏处。简单说起来，一定限制了许多自由发展的机会，妨害了许多自由创造的能力。譬如商店、公司、兵队等，固然不能不讲编制，但是编制的结果，只有几个人从中操纵，其余的人都是器械。如宗教尽讲些拜跪的仪式，用兵尽讲些操演和纪律的死法子，便把自由发展自由创造的能力消磨净尽了。德国人可以代表最长于编制的民族，同时也可以代表偏于编制所以发生流弊的榜样。

凡讲究编制组织的，必有一个总机关，如大公司的管理部、军队的司令部，都是中央集权。结果只把少数居中操纵的人当人，其余的都当作机械，把个人自由发展、自由创造的机会一齐丧失了。不但德国如此，西洋各国也都免不掉这个毛病。人家都说美国太放任，其实也有太偏于编制的，如大公司、大营业的限制都非常严密，所以往往生出许多板滞、不灵的毛病。我们应该得一种教训，天地间绝没有放诸四海皆准的道理，也绝没有包医百病的药方。德国固然太重编制，但是，中国却太不讲究编制，凡事都是临时现凑，没有编制而想讲究效力，是绝不可能的事。

我们第二个标准，就是要审查什么宜于编制。什么不宜于编制；编制有多少限度，在这限度以内可以实行编制，过乎限度便不能死守老法子，才是正当的办法。

再讲第三，共同生活。现在时间不够，不能详细解释；简单说来，这种生活是互助的，是彼此得益的。好像交友一样，得个朋友帮助，互换知识，格外可使思想长进，生活有意味。共同生活是最高社会的希望，凡是社会都要朝着这个方向走去。我们的标准，就是要想怎样使共同生活发展，怎样使彼此得自由交换智识，怎样得互相帮助、互相长进。

六　各社会共同生活的要素

我上次讲演曾发一个疑问：谓要批评种种社会编制风俗习

惯，究竟有什么最后的标准？我的简单答案是看这种编制风俗习惯能不能发展共同生活。共同生活便是自由交际，互相往还，交换感情，交换种种有价值的东西的生活。社会的编制风俗习惯能够做到这步田地是好的，否则不好的。

有几种社会组织，都很想筑一金墙，把社会各部分的交通隔绝。如埃及、印度的阶级制度，一切知识、感情、思想乃至婚姻等等，都不能交通：不但不去养成共同生活的习惯，竟还要隔绝它。不但埃及、印度如此，就是从前的欧洲社会，也分上流社会、中流社会与下流社会的三个阶级，彼此隔绝，不能交通。

不但阶级制度如此，还有偏重一方面的，如家长制度，也是如此。在严格的家长制度之下，一方面是家长，一方面是家属，当中也像有一道墙，情感思想都被隔绝。又如独裁制度，无论是政治的、实业的或家庭的，他们的组织，都是一方是上，一方是下，一方是尊，一方是卑，没有互相交通的机会。又如宗教，变成了特别阶级之后，教内牧师变成专门职业，专管祷告等事，和社会一切生活都是隔绝的。又如教育，在学校里面的便成了读书人的阶级，农夫、工人等不识字的便成乡下人的阶级，乡下人以为读书人高不可攀，所以也不同他们往来了。本来理想中的宗教，原是解决人生问题的，不应该离开人生专向出世的方面做去。教育本是应该拿社会生活做根据的，使教育与社会沟通，使生活受教育的影响。如工厂、商店本不是专发财的，目的在流通货物，不但要使物质方面流通，便是精神方面也要使它流通。我们所希望的社会，便是有这种自由交通、自由交换的社会。

我今天要提出来讲的，就是各社会互相交换往来的关系，是共同生活的要素。先从消极方面说，如果没有共同的生活，便发生什么弊病？这个最普通的例子便是主奴的关系，我所说的主奴的关系并不是专指黑奴式的奴隶制度而言；凡是家庭中父对于子、夫对于妻，政治中君对于民，实业中的雇佣者对于被雇者等等，总之一方是上、一方是下，一方有统治支配之权、一方被统治支配，一方发命令、一方受命令：这些关系，都是一种主奴的关系。我们且看这种关系有什么弊病。大概它的弊病可以分作两部分说：

（一）在社会本身上有绝大的危险，使社会本身不能持久。

（二）在个人方面妨碍个人人格的发展。

先讲为什么社会本身发生危险。因为有许多人以为把社会分作上下、贵贱、尊卑、长幼各阶级，虽然有点妨碍个人自由，但于社会本身很有好处，很可以保持社会的安宁。它们以为因要保持社会的安宁，只好叫一方面稍吃点亏，社会全体却受其益了；这种见解的错误，在于不知道这种社会阶级的护符只是武力。凡是拿武力来作根基的，终是不牢固，不耐久，内部总要发生危险的。不但于个人有害，就是社会本身也有害。因为独裁政治和平民政治绝对相反。平民政治是想叫社会互相交通、互相影响，根本不靠武力，只靠兴趣维持——社会各分子都有表示兴趣的机会，各方面交相帮助，使社会巩固。独裁政治全靠武力迫压，只有一方面的自动，没有互助的精神，所以不能稳固。

这种没有共同生活的社会何以要用武力作根基？因为社会各分子对于社会本身没有兴趣，全靠武力迫压，才可团结；武力减少，便立刻涣散了。比方一个学校的秩序，要是全靠先生拿板子维持，那么没有板子，或是先生出去了，学校的秩序便立刻乱了。又如中国历史上每换一个朝代，必有一次大乱，直至有人把群雄征服了，纷乱才能平定。这是什么缘故呢？因为它们全拿武力来维持秩序，表面上虽然很似太平的，但各方势力一不平均，纷扰就马上起来了。可见得全凭武力维持的秩序，没有武力便即刻要乱的。至于立宪政治，使各分子都有表现兴趣的机会，所以政府虽然变更，秩序不会纷扰的。

再看这回由欧战发生的大扰乱，这样大的扰乱是从前没有见过的，结果便有几国受了一场大劫，到了不堪的时候，便成了纷乱的现象；但是居然有几国经过大劫而不乱的。这是什么缘故呢？比较看起来，经不起这次大劫的国家，都是行独裁政治的，如俄国、德国便是。俄国行独裁制度更久，所以乱的程度更甚。再看那些行平民政治的国家，不靠武力把持，却使社会中各分子都得自由加入社会之中，觉得国家不单是几个代表人物的，是大家的意志、大家的感情、大家的兴趣联合起来的。既然有这种意味，所以都靠你帮着我，我帮着你——所以，虽然经过这样大劫，究竟不致大纷扰。

观察这种情形，应该使我们生出一种觉悟：就是独裁政治一定没有共同生活，一定不能使各部分的感情、兴趣互相影响。至于平民政治的根本观念，便是，凡是公道的政府，须根据于被治者的同意。政府一切行动既以被治者的同意为根据，被治者得觉自己也是社会的一部分，社会的意志便是他们的意志，尽一部分义务便享一部分权利，所以他们都愿意帮助政府做事——这便是国家最稳固的根基。独裁政治虽然也有能维持一二百年的，但是，在历史上看来，一二百年却是很短的时期；还请大家不要贪图这点小利，究竟须有共同生活的社会，才是长治久安之道。

独裁政治表面上似乎很有力量，其实都是假的，比较共同生活的社会弱得多了。平民政治是以大家的愿望作根据，表面上好像禁不起大危险，试验起来却很靠得住的。这个最显明的例子便是工厂的组织。旧时的工厂，经有名专门学者的调查，每天工人所做的工不到他能力的一半。因为他们没有兴趣，把工厂看作人家的东西，所以即使有能力也不肯用。可见得独裁政治表面上虽似有力，实际上却是无用的。譬如工厂的工人为什么不肯用力呢？因为他们觉得做工是为生计逼迫的；他们对于工厂没有别的责任，对于制造、出品、销路、盈余、分配等等问题全不管的；结果便没有个人的兴趣，不是故意捣乱，就是故意糟蹋好材料，用种种消极抵抗的法子。现在美国的工人，工钱也增多了，时间也减少了，比较中国好得多了；但是他们还不满意，还要要求管理权。这就是想把民治主义应用到实业的组织之中，使工人不但拿钱，并且要有兴趣，要有发展才能的机会，使他们觉得自己也是工厂的一部分。这是心理上的问题，不仅是工钱和时间的问题。

人类并不机械，是有血气的，有心思才力的；筋肉的能力比较很小，此外还有重要的心思感情的能力比筋肉的能力更大。倘若社会的组织能使社会中所有心思感情都愿意拿出来为社会用，这种社会比那全靠武力把持的社会，自然要稳固得多了。

再说没有共同生活的社会在个人人格上发生的影响。这个影响可以分作被治者与治者两方面说。

被治者方面在这种没有共同生活的社会中，受到两种恶影响。

（一）心理上的恶影响。最浅的心理方面的恶影响便是愁苦、怨恨、不满足；甚而至于发狂，得神经病。据现在学者的研究，对于神经病所下的断案是：神经病是由于人类平常应该有的正当需要情欲被强压下去而起的。可见得凡压迫人类正当的兴趣、正当的愿望，结果自然发生神经系的种种病症。

（二）才能上的恶影响。天才必须常常试验才能发展，如果不用，虽然有统治经理的才能，也渐渐消灭了。其次，天才如果不能向正当的方面发展，便要向不正当的方面发展。这方面摧残了好天才，那方面便养成了坏品性。主奴阶级的社会能产出两种坏根性：（1）奴性——服从、阿谀、谄媚，想用不正当的方法迎合在上者的欢心；（2）狡诈性——狡猾、奸诈、说谎，用种种不正当的方法规避在上者的威权。

最可惨的是这种制度造成的恶结会反来替这种制度辩护，说：这种制度必不可废；这一班倚赖的、狡猾的、奴性的、没有知识的人，哪配同我们享共同生活？其实这种缺点并不是它们生成的，乃是没有共同生活的制度造成的。不良的制度养成了一部分人的奴隶品性；后来反用这种制度的结果来替这种制度辩护，说它们不配同我们平等；这是世界上最大的悲剧！

我们不要说这种恶影响单是被治者的一方面受着，那治者的方面也受着的。治者方面所受的恶影响是：

（一）道德方面。因为统治者越发当权，越发养成一种残忍、暴虐、骄傲、奢侈等等不正当的行为品性。他们所以这样，也不是天生成的，也是制度养成的。他们常常高居人上，别人的苦痛一点都不知道，所以只有一方面的道德。

（二）知识方面。统治者方面虽然占了许多便宜，有钱有机会可以求学，但是他们所学的都是偏于狭隘一方面。就举政客而论，他的知识一定向细小的方面发展一部分的技术，不像大政治家能于各方面的希望都采一部分，使各方面共同发展。

还有一个重要的坏处：便是上等阶级最容易堕落或衰败，连平常的知识都没有。从历史上看来，没有一朝帝王起初不是英明的，传了几代，便成为特别阶级，不同外人往来，要怎样便怎样，没有限制，久而久之，便生下不好的种嗣，这都是人人共见的事实。最大的原因，便是没有共同生活；如果有共同生活，断不致有这样堕落的情形。

以上所说的都是例，不过想用来说明我所讲的民治主义的哲学。这种哲学所主张的是什么社会呢？这种社会一定使各分子有自由发展、自由交换、互相帮助、互相利益、互通感情、互换思想知识的机会；社会的基础是由各分子各以能力自由加入贡献的。在表面上看来，似乎不大强固，实在是强固的很；不但强固，并且可以减少各种因隔绝交通而发生的弊病。

七　经济生活的重要

前几次讲演，都是关于社会哲学与政治哲学的性质、范围和用处，并提出评判的标准。从今天起，将提出实际的问题，就是社会哲学与政治哲学所应该讨论的问题。这标准应用到问题上来，可以把问题分作三大组。

第一组是政治法律的问题。如政府是什么；政府的作用和性质是什么；政府的范围有多少大，哪些事应做，哪些事不应做。政体那一种最适宜；独裁政治主张功效，究竟应以什么为限度，它在法律上的性质如何，用处如何。还有，无政府的主张究竟有没有几分理由——这都属于第一组。

第二组是知识思想的问题。社会政治的组织虽然重要，不过还是文化的一部。最重要的是宗教、教育、思想、艺术等种种问题。所以三种当中，第二种可以算得较为重要。例如究竟个人信仰上威权占什么地位；遗风占什么地位；自由占什么地位。一切思想、言论、出版、集会的自由，诸君可以回想，在历史上占何等重要的位置——这都属于第二组。

第三组是社会生计或经济的问题。例如资本家占什么地位，劳动者占什么地位；财产占什么地位，应该公有呢，还是私有呢？经济生活应该用竞争的制度呢，还是用互助的制度呢？这都与社会哲学与政治哲学有密切的关系，所以提出来属于第三组。

这三组问题当中，先讲最后的一组，就是关于经济的问题。因为经济的问题是社会生活的基础。社会生活与个人生活相同：人身上不能不有营养，社会也不能不有营养。倘不能满足它的欲望和需要，社会生活便不能持久。故把最后的一组问题提出来先讲。

经济的生活，范围所包很广。第一，包含人生的欲望。如饥了思食、渴了思饮和一切人生需要的种种目的；又因要达目的，所以去劳动。第二，包含用以达到目的的种种工具、种种组织。第三，包含商品货物等等，就是一切欲望的结果。这三种都含在经济生活之内。

社会哲学政治哲学的大危险，莫过于看不起经济的生活，以为这是无往而不在，最下贱而不高尚的东西，不值得哲学家的研究。这种哲学很危险，而且一定没有好结果。要知社会文明的程度，与生计的程度成正比例。野蛮人因为需要少，欲望少，所以生计的程度低。文明人想用种种方法，达到充满他的欲望需要，所以有美术、宗教等种种发展。社会生计的生活，哪里能藐视呢。

有许多哲学家下"人"的定义，说：人是能说话的动物。又有人说，人是有理性的动物。又有人说，人是能笑的动物，因为别的动物都不能笑的。现在法国哲学家柏格森说，人是能造器具的动物。这话确有特别见解，因为能把天然界的材料，加上一部分能力，便可使它应付某种需要。别的下等动物都做不到的，只有人有这个特性。

经济生活的重要，大概讲，就是它与社会生活的关系所生的影响。第一个意义，便是实业工业发展的结果，能渐使人类社会分工。这种人做这些事，那种人做那些事。于是又引起第二个意义，就是大家互相帮助，互相依靠，你供给我的生活，我供给你的生活。

假如想象一个时代，各人自己造器具，应付自己的需要，则人类社会便立刻可以复回到野蛮的时代。况且这是万万做不到的。即或设想做到，因社会中没有互相帮助、互相依靠的生活，除血统相近的以外，都没有社交的必要，社会一定堕落到野蛮时代无疑。

分工的最大利益，便是能使一部人专负一部分的事，养成一种专门的技能。譬如务农的人，只要对于粮食一方面有特长，别的衣服、居室等事，都可依靠别人的帮助。最明显的，如打铁的、打铜的、打银的、打金的、绘图的、建筑的，有了专门，便可以各自发展。否则，虽有种种技能的天才，也只配压下去，不能发展到高等的地位。

各种技术，从前都很简单的，现在则复杂繁多了，格外发展了。所以，分工的利益尤能使各部分互相帮助、互相依靠。一部分人专管种植，它的出品，自有别一部分人为它运输、买卖、交易，又另有一部分担负消受。彼此互相依靠、互相帮助，不若从前野蛮时代的各为自己，用不着分工的经济生活了。社会的生活是有机体的生活，这一部分停止了，那一部分也受着影响。分工的大效用，就是能使社会变成有机体。

以上种种，都是说明分工的经济生活可以使人的天才技能格外发展，社会生活也格外进步，格外有趣。并可彼此互相帮助、互相依靠，使社会生活成为有机体的生活。这本是很粗浅的道理，用不着再三申明。无如有许多人仍执从前的成见，瞧不起物质文明，以为物质文明的发展能使道德堕落，于精神文明大有妨碍。不知物质文明，其材料虽属物质，而实为精神文明的基础。因为物质文明能使社会各部分的关系愈加密切，所以不但是物质方面的事，而且是精神道德生活的基础。

这种成见，我们固然不能承认。但有许多学说，恰恰与之相反。如18世纪及19世纪初年的英国学者，把这经济与社会的关系看得太重了，于是趋于极端，以为政治知识思想一切，都不值得什么，只有经济的生活最为重要，其余都可归并到它的里面去。

举最近的一个例子，如斯宾塞的哲学，便建筑在这个观念的上面。以为各种工业发达，自然有一种经济的需要，不能不去分工。分工以后，让各人自己在经济上面去竞争，人类自然能因这竞争而进步。一方还可以使它们你卖我买，自由贸易，不受政府干涉，养成它们一种觉悟，知道人类是应该互相帮助、互相依靠的。一切战争等等坏行为也可从此免除了。

这派自由贸易派的学者，希望商业自由，可以免除世界的战争。他们以为自由贸易，能促醒人类的觉悟，知彼此冲突，是最不经济的事，于是商业的关系更为密切。诸凡国际间种种可以养成仇敌的势力，均可一起打消。世界上的战争便可从经济发展解决。

不但国际间如此，国内也是如此。资本劳动两方面，尽可以让它们自由竞争，自由发展。他们的意思，以为凡是好的商业一定买的卖的两方都有利益，尽可不用政府的干涉。他们又以为利己心虽是各种罪恶的原因，但可以利用它，使他们知道损人利己，其结果还是不能利己，所以不如利用利己心作个根基，去做一切有意识的事，非但无害，而且有益。

这派哲学总算还不曾有过实行的机会，就是国内的自由贸易，也不曾有人实行。但从经验上看来，这派哲学却有几种根本上的大缺点。

它的根本错误，在于它所假设的情境，为实际上所不能有。它的假设，把自由贸易、自由竞争的各分子，看作能力平等。讵知无论个人、团体、国家，断不能有这么一回事。

倘若各国的商业竞争，其出发点如财力、时间、地位都一概相等，那么此说也很有理由，并可利用有理的、有意识的利己心，使大家互相亲爱。但事实决不如此，家产厚的，教育好的，便把便宜占去了。国家也是如此。有大国，有小国，大国因有种种好的机会，可以利用小国的缺点，肆其侵害的手段。结果还是呈一种很不公平的现状。

这种学说盛行于维多利亚的时代。但自1880年至1914年，这30余年来，大家因为各处都受了这种学说的影响，成为一种经济的帝国主义，强国利用种种机会，侵略弱国，所以把它的弊端都看出来，越看越觉得清楚。

不但大国与小国之间，强国与弱国之间，都各相冲突，就是大国与大国，亦互相冲突。各人都想占各人的便宜，结果不得不向寒带热带的各弱小国极力侵略，以供给国内的缺乏。

不但这班学者所希望大同和平不能实现，反而竟有1914年的大血战！

国内方面，也可以看出许多弊端。商业工业发达的影响，可以使大家互相帮助，这个利益，我也承认的。但是，各部分动手的时间迟速，能力强弱，资本多寡，都不能相等。往往一部分太占便宜，一部分太吃亏了。结果还是不能公道。

制造的方法也与从前不同了。资本家能掌握工场、机器等等，足以制劳动界的死命。制造出来的货物，总要一年半年以后始能销售。这个时间当中，非有钱不能周转，因此资本家便占了优势。结果是有钱有势的人，侵害没有势力的劳动分子。国内尚且如此，国外自然不必说了。

照学理看来，本来是要它们各部分互相帮助的，但事实上却一方占了优胜地位，一方反被人侵害，得一个很不公平的结果。所以现在的劳动问题，是怎样可以把种种从前因袭下来偏于一方的坏结果，用人工设法补正。劳动界的一方面，说怎样不公平、不人道，要求把这种制度根本推翻。资本家的一方面，则谓这是自然的趋势，应该如此的，人力不能挽救的。

这个问题，此刻不能详细批评，当待以后讨论。但现在可以指出两个意思。

第一，商业的互相依靠、互相关联，可以算好，也可以算坏。从前孤立不相往来的时候，帮助固然没有，冲突自然也没有。现在既相往来了，一方虽收互助的效果，一方却有冲突的事实。所以现在应该讨论的，是怎样管理支配，才可以使彼此有益，而没有害。

第二，自由与平等不是并立的。法国革命的时候，看自由、平等、博爱三大主义，以为最多的自由，一定得到最多的平等。讵知结果反增加不平等。种种经济界劳动界的不平，都是起于自由太甚。所以现在应该讨论的是怎样可以调和自由与干涉，使一方面能发展自由，而一方面境遇仍能平等。

八　分位与契约

上次讲演的大旨，谓经济生活的重要，发生两种结果。（一）使人类分工，各人能把自己的天才自由发展。（二）使社会各部互相帮助、互相依靠，使社会的生活彼此联络，如网的样子。

上次并讲到欧洲实业大革命的结果，发生一种新的政治哲学。这种哲学，承认经济生活的重要，谓倘能以经济生活为基础，则一切国内国际的种种问题都可由此解决：国内固因互助互依的结果，大家不至冲突，即国际间也可因此去掉种种无谓的疑忌，渐渐至于大同。但后来此种学说，非但没有实现，而事实上也恰恰与之相反。这因为自由发展的最大条件，在于能力平等，而实际无论个人、团体、国家的能力，断没有平等的，所以竟养成这么大的战争。近百年来，此种学说遗留给我们种种困难的问题。

今天所讲也是关于实业大革命之后，一切出产制造，都利用大机器、大组织、大营业，所发生的一种个人主义。此种主义注重个人的自由去取、自由选择，爱做的便做，不爱做的便不做，打破从前的"名分"观念，而代以"契约"的观念。

英国著名历史家梅因说，人类历史的进化，从分位（status）的时代，进步到契约（contract）的时代。分位时代，就是注重名分和地位，如印度、埃及的阶级制度：生在哪一级的，便永远在哪一级，世代如此，有一种天生的命定的分位，不能逾越。欧洲古封建时代也是如此，即现在也还可以看出许多遗迹，妇女便是一个很明显的例子。诸君试回看几十年前，不但君主，固然有分定的地位，就是田主地主，也有分定的地位。分位制度的范围很广，实行的国家也很多。

分位的社会，其最重要的性质，是在有许多命定的阶级。每级里面的人都是世代如此，不能逾越到别级里去。从历史上看，欧洲阶级制度的打破，不在政治的变迁，而在经济的变迁。因经济变迁而影响于政治，再影响于阶级。譬如妇女的解放，并不由于政治的变迁，而实由于经济的变迁：从前都在家里纺织的，一至经济变迁以后，便不得不到外面去营生了。

试看17、18世纪英法的大革命，其中便有区别。英国1688年的革命是政治革命，法国1789年的革命，不但是政治革命，而且是社会革命。因为它能把封建时代传下来的遗迹，各人有各人的名分的制度，一起打破。正如梅因所说的话，人类到一个时代，自能把阶级制度打破，而代以个人自由商定的契约时代。

这种变迁的结果发生一种新政治哲学——个人主义。其中心观念，就是以个人的自由意志去结合，去做自己要做的事，用不着政府或法律的干涉。政府的权力愈小愈好，只要于各人订了契约偶有违背的时候，略为它们料理。总之，此派大意系重视经济，以经济学的道理应用到政治上去。经济组织比政治自身还要重要。一切政治的问题，都用经济的原理来解决。

我们再回过头去，看看两千多年前柏拉图的政治哲学，作个比较。柏拉图的学说，可谓最高最完全的讲“分位”的政治学说。他说，社会不可没有分位。社会的安宁全赖各阶级的人各有他的本分，各司他的事业。这才是理想最高的社会。

柏拉图并非顽固守旧的人。他对于当时希腊只有一小部分是公民，而大多数都是奴隶的社会，并不满意，以为这种制度，非但不能维持安宁，还可引起纷乱。所以他的哲学要找出一个合理的标准，照社会的需要，定几种不可少的阶级。

柏拉图研究社会的需要，应有三大阶级。

第一，是统治者的阶级。人类不能不有合乎理性、合乎经验的统治者，否则便要纷乱。但这根据学理经验的统治者，只有哲学家可以当之。所以只有哲学家可以做君主，因为只有他有最高的学问知识，配做支配全社会的指挥者、统治者。这是他的理想国家第一级。

第二，是执行法律者和兵的阶级。圣人贤人立了法律，不能无执行的人。国有外患，不能无防御的人。故需要一种勇敢的人，为圣贤执行法律并防御外患。这是国民兵，在他的理想国中占第二级。

第三，是生产的劳动的阶级。此级以物产供给大家，应生计的需要。此三种阶级，倘能各尽其职，互相扶助，天下便安宁了。

柏拉图的理想计划，其与众不同的地方，在于有一种教育制度的贡献。它以为三种阶级当中，人的生在哪一级是偶然的，所以应该用教育的制度，使人人都受教育，以教育的程度定名分的标准。其聪明睿智者为统治级、立法级、最高级。有勇敢能保护国家，执行法律者当国民兵，为中级。只能供给物产，别无其他长处者，为民，为下级。

柏拉图的计划，完全是个理想的“乌托邦”，但是很可以拿来作个讨论的基础，因为哲学史上他是第一个可以代表主张分位的学说的人。以现在的眼光看来，他是一个国家社会主义的哲学家，因为他的种种计划，都用国家少数人的权力，去支配各部分的需要。他对于一切人生日用的经济生活，需要和欲望，都取不信仰，瞧不起的态度，以为这种需要和欲望只配压下去受政治的支配，不配在社会上占重要的位置。

此种哲学，与18世纪及19世纪前半英法的学说处处相反。他们以为经济在政治社会最占重要，倘能使人人自由发展，自由订立契约，自由履行契约，社会上什么都安宁了，再也用不着高高在上的圣人贤人。况且各部分的利害关系只有各部分自己能知道，没有别人可以代为筹划的，所以不如让各部分自由发展、自由订约、自由践约的好。

他们又以为各人的利害，能知道者莫如自己，所以各人倘能照各人自己的利益去做，结果合起总数来，便是人类全体的幸福。不但如此，契约是彼此交互的关系，不是一个人的事；所以订立契约，不能不懂得别人的需要。大家互相协商的结果，不但一个人能占便宜，并能使大多数人互相和睦而且融洽。所以，倘若此项手续通行以后，全社会都有秩序而很安宁了。

此种个人自由组合订立契约，也许会发生不平等的结果，但在他们看来，以为此种有能力者居上，无能力者居下，正可鼓励人人努力向前竞争，非但没有什么坏处，简直很有好处。所以他们主张以经济为基础，一切工业商业的发展国家尽可放任，不加干涉。万一有人侵犯了别人的自由发展，或结了契约不肯履行，或有欺诈行为的时候，始可干涉，其余都不必干涉。故此种学说可称之为放任主义的（Laisser Faire）政治哲学，或警察式的政治哲学。

他们又以为不但经济方面受着益处，就是道德方面，也有益处。因为这种让个人自由发展的结果，一方可以鼓励冒险和奋斗的精神，使各人发挥天才，一方可以逐渐减少懒惰、不进取及没有志气的人。所以，在道德方面的影响，可以使社会愈加进步，愈加发展。

此种攻击政府干涉的话，诸君听了，或者还不甚亲切。我们可以设想，倘把这17、18世纪英法的学说，应用到中国现在的家庭制度里来，一切帮助和一切干涉都停止，让子弟们自己去打出一个新世界，完全自由结合，自由生活，很可以看出许多的好处：不但造成进步的人才，并可养成社会间彼此相互的信用。凡属自由结合、自由协商，订立契约的重要条件就是彼此互相信用。此种结果，影响于公共事业者很大，未始非欧洲工业商业大发展，契约制度推行以后的好习惯、好道德。这是它的优点。

再讲它的缺点，约有两大端可言。

第一，他们忘了重要之点，就是契约中最不可少的平等能力；所以，名为双方订立的契约，实是一方面的。这真是大笑话：资本家方面有了大资本、大机器，什么都不缺乏，所需要者只是工人。名义上好像让工人们自由选择，愿做工的去做，不愿做的不做；其实倘工人不去做工，父母妻子便都饿死。所以，没有对等能力的契约，等于没有契约，因为这种契约只有偏于一方面的利益。

这种不平等契约的结果，影响于（一）时间的数目。英国从前做工时间往往一天16或17小时，工人不满意时，资本家说，这是你们自由意志所承认的条件，不能更改的。其实，这不过是迫于生计而承认的罢了，安有所谓自由意志！（二）工人的待遇。大机器上面，工人有断手的、断足的、身死的。矿工遇见爆炸的时候，往往许多人葬身在内。工人倘要求赔偿或抚恤，资本家说，这是你们自由意志承认的条件，你们自己情愿来冒险，不能赔偿的。其结果影响于时间及待遇的如此。

因此，19世纪末年，工商业发达的各国遂把从前19世纪初年所去掉的干涉工厂的法律，逐渐恢复。国家重新再来干涉工厂：关于时间方面，规定数目，不许超过几时以上；关于待遇方面，督促工厂须有种种卫生的设备，违者受罚；容易伤人的机器须受限度；工资以及妇女小孩的做工，都受法律的取缔。19世纪末年各国对于工厂的严格干涉，与从前的放任政策恰恰相反。

第二，他们以为契约的关系只是订约的两方面，其实大错。没有一种个人与个人的关系于社会不生影响的。譬如有50人100人情愿去做16、17小时的苦工，忍受不卫生的待遇，看去似与社会毫无关系，其实，这种不讲卫生能使社会的卫生程度减低：做工太苦，且能使种族衰弱，怎么能与社会无关呢？举一个例，美国有一州定出妇女做工只以8小时的新法律，有一部分人不服，情愿多做，以至提出诉讼，谓法律不许她多做工，岂非侵犯她的自由权吗？后来主张的人辩驳说：这不是她们个人的问题，是社会种族的问题。她们多做了工，结果能使生下来的儿女衰弱，种族也因此不会兴盛了，所以应该干涉。这也可以看出个人与社会连贯的关系了。

欧洲大陆方面，保护劳工的法律，最多者莫如德国。例如没有工可做的，以及年老不能做事的，都有年金，可以生活。它的法律，且在各国中为最早。所以，这次大战德国能团结到这么长久，未始不是保护劳工政策的报酬。因为德国凡是经济上占不平等地位的，如妇女、小孩、老人等，都没有不受法律保护的。

以上的话，虽然都是西方的经济状况，但是中国的工厂时代不久也要来了。举凡放任的弊病，保护的好处，人家已有历史事实，都可拿来供参考。将来工厂时代连带而来的妇女小孩的问题，太多的时间，太刻薄不人道的待遇，都不可不预先防备，不要等到种种流弊实现以后再来动手，那时工人已受苦不少了。

这不过是个意见，真问题还在理论的方面，研究政治哲学的人，对于个人主义与社会主义的利害，总有许多争论。个人主义方面，我今天已大略讲过了，下次再把社会主义的利弊提出来讲演。

九 个人主义与社会主义

上两次讲演，提出经济的发展和实业的变迁，在社会生活上发生的种种影响，尤注重在这个时代所发生的社会哲学和政治哲学。这班学者想以经济学来代替社会政治学说，注重人的需要，及人的有意识的为己心，让个人自由发展、自由动作，而不注意公共的干涉、公共的动作。这就是所谓经济派的政治学说。

又提出此种学说是"个人主义"的中心。其根本主张，以为国家的权力愈扩张，则个人的权力愈缩小。苟国家不去干涉，则个人自能利用有意识的为己心，有一种很和平满意的布置。故国家的权力愈小愈好，只要消极地维持秩序就够了。

上次又指出此种极端的个人主义完全注重个人自由发展，发生显而易见的流弊。因此引起反动的学说也很多，虽然还没有一贯的主张，但有一点共同的性质，就是它们都不赞成经济活动的完全放任自由，而主张有一种管理或限制。其共同的方向就是经济生活须于社会有利，而不主张私有不干涉的经济活动。

今天要讲的就是这一部分，反对个人主义的社会主义的哲学。这是一种抗议的哲学，大概表示攻击现行制度，如现行经济的生活、工厂、资本家以及种种财产私有的制度。但各家学说消极方面虽尚一致，而积极主张的方面却很难说，所以此刻要提出来的“社会主义”的哲学，不能如前次“个人主义”那样的一致了。

我们要懂得社会主义种种不同之点，应先知道各派所以不同的原因。

第一，对于道德的见解。最初英法所发生的社会主义都根据于道德的观念，攻击现行的经济和实业的制度。后来马克思倡科学的社会主义，对于社会种种原因都要找出科学的律令，谓经济组织发生的效果是一种自然趋势，把道德问题丢开了。故第一是道德的位置看轻看重的问题。

第二，对于国家的见解。有许多主张利用公共干涉作种种经济活动的事业，有许多承个人主义的遗风，对于国家取不信仰的态度，而主张个人自己情愿的组合，成为互助的社会，不依靠公共的机关。这是无政府的共产主义，与上面一派恰恰相反。

派别虽有种种不同，但都可称为社会主义。因为他们有一个共同的趋向，就是主张凡有经济活动，都应以社会公共的利益为前提，而不应以个人的挣钱发财为前提。他们攻击从前的经济学说，讲得太抽象了，把社会的一部分看得太轻了，以为现在的实业制度缺点也正与此相同，就是以个人的挣钱发财为前提。最不满意者，是把资本与劳动的关系看作太抽象的几个概念的关系，而不是真的活的工人与主人的关系，所以说，这是抽象的概念的经济学说，而不是人与人的经济学说。

此刻对于最早发生的道德派的社会主义不能详讲，但可略述几句。此派发生在19世纪上半叶，欧洲各国都受影响。1848年各国都起革命，就是此派的影响为大。19世纪下半叶直至欧战，是马克思学说盛行的时代。欧战终了以后，人心对于马克思的学说渐起厌倦的现象，复有回到从前道德派或伦理派的社会主义的趋势。

马克思攻击道德派的学说，以为感情不成问题，经济制度的坏处不在道德。并要证明此种制度已渐趋于自杀的时代，自然有一种社会主义起来代替，把一切实业改为公有，为社会谋利益。

马克思以为财产私有的制度，初起时尚有存在的理由。因为那时工厂尚未发达，货物都是自己造来自己卖，所得财产，自然是它自己的。工厂发达以后，货物都用机械制造，用不着他自己，所以制造一样货物，因为分工的关系必要经过许许多多的手。造好以后，卖的时候，又要经过许许多多的手，结果，此处造的东西不知卖到什么地方去。故他说，工厂发达以后，制造与分配已成为社会化，而经济制度却还依旧是非社会的，故决无存立的理由，应变为以社会利益为标准的财产分配。

用机器工厂制造，其自然趋势必使实业活动扩大，个人的自由竞争发展，结果小资本不能竞争，渐渐联合，归并于大组织。于是愈联合愈大，由小资本家联合而成公司，再联合而成合资公司，再联合而成大合资公司，此种趋势，结果竞争的自己把竞争取消，归并到大组织里面去。

此种结果愈积愈大，后来一方资本家愈加赚钱，一方工人掌握财产权愈小，富的愈富，贫的愈贫，没有中流的社会，只有富的贫的两个阶级，于是引起阶级的战争。马克思并不是说阶级是应该的，不过说这种制度倘不改变，则一方有余，一方不足，阶级的养成是逃不了的自然趋势。

马克思承认从前学者所讲的价值，其来源由于劳动。资本家的养成不过在工人应得工资一元之中，扣其一毛，以为他们得了九毛可以勉强养家就算了。结果资本家愈爱制造，工人愈弄愈穷。资本家不许工人有财产，于是，制造出来的货物工人不能消受，货物遂大停滞。这是很大的危险，其时经济必都失其作用，政府出来，把权柄拿回去。以前政府想拿而不能者，至大乱时便很容易地拿去了。

以上四节是马克思学说的大概。欧战以后，大家对于他的学说多有怀疑厌倦不信仰的趋势。其原因：（一）他所谓一方愈富，一方愈贫，与历史事实完全相反。事实上劳动社会后来也渐渐提高。大战的影响，劳动一级且得益不少，工资也因此提高了。（二）他的科学的推算，以为社会主义实现最早的国家一定是经济制度最完备的国家。他以为理想社会的实现一定在英、美、德、法等国，不料事实上竟在经济制度极不完备的俄国。

因这两种原因，他的学说受了很大的打击，大家对他都有不信仰的趋势，因此，引起别种社会主义的学说。

这种反对的学说此刻不能详述，但可大略讲它一点。美国经济学者胡佛（编者注：胡佛在1928年当选为美国第31任总统），他在此次大战时经管协约国粮食的支配，办理得很满意，是个极重要的人物，回来在美国演说欧洲现状，或许社会主义已到破产的时代，而尤以东欧为最甚。凡是试验社会主义的地方出产必定减少，不能供给需要，大概因为试验社会主义的时代，人类的竞争心必定减少，所以出产也减少，而经济便困难了。因此据他看来，社会主义竟已到了破产的时代。

胡佛的话未免过当。他在欧洲几个月，哪里能批评一种学说的破产。纷乱时代也许另有旁的原因。但他的意思未尝没有研究的价值。从前自命为社会主义信徒的人，现在竟有许多攻击马克思公家社会主义的学说。他们的理由：

第一，把私人的经济自由活动收回国家管理，结果恢复封建的社会，取消自动活泼的精神，勇往直前的兴趣。

第二，把私人的经济自由活动收回国家管理，结果大资本家才干经验都比较的好，将来在社会主义的国家中这种人也握大权，这是很可怕的流弊。

刚才所讲的话都是引起我们去讨论另一派的社会主义。此派就是"公所的社会主义"（Guild Socialism），或"工团的社会主义"（Syndicalism）。俄国苏维埃（Soviet）政府的建设，即以此派居大部分。

此派社会主义，其根本观念，对于政府的权力持怀疑不信仰的态度，这是个人主义的影响。美国的工会（Trade Union）、欧洲的工团（Syndic），都是自己组织团体，为自己谋利益。以各种职业为主体，各业都有团体，每分子都有利害关系，有事都让他们自己去办。工会、工团、公所主张都相同。每业一个组织，将来联合成大组织，管理各业的经济活动，而反对政府的干涉。

欧洲中古机器未发明的时代，各业都有公所；经济管理都很完备，各业均有行规，甚为严密。故工业未发展时，公所实占重要地位。及受个人主义的影响，法国革命以后，把公所的制度全毁弃了。现在主张工团主义的人觉得古代的公所制度很好。

方可以管理国家所顾不到的事业，一方仍不妨以每业为单位，大家自由发展。这正合民治主义的精神，可称之为工业的民治主义（Industrial Democracy）。

中国现在本有许多公所。当此过渡的时代，小的经济生活过渡到工厂的经济生活，与欧洲有不同的地方，应该保存公所的那一部分好处，怎样提倡本业中的社交，对于本业的自尊，以及怎样教育训练必需的技术，这都是现在中国的学者应当研究的事业。

我们在开讲的时候已再三申明，我们并不是要下一种武断的主张，也并不是有一种医百病的良方。我们的真任务是要提出许多问题，偶然参加一两个意见。今天所讲社会主义可以因此提出两个重要问题，在中国此刻由简单进步到繁复的时代，应该注意。

第一，怎样保存重要的利源。铁路、矿产、森林、航路等等，都是与公共利害有密切关系的，怎样使它不落在私人之手，去专务私人的发财而损害公共的利益。

第二，怎样利用现有的各业公所制度，保存它的好处。一方发展各业的共同生活，一方又以各业为基础，做个政治组织的单位。也许将来的政治不由个人投票选举，而由各业的公所投票选举。中国既有公所，不妨对于这个问题自己加以研究。这不但是为中国自己，倘得了好结果，简直是为世界政治学说上加一条贡献。

总括一句，社会主义无论有多少种的不同，都是一个观念，就是公认一切工商等等经济事业都不是为个人赚钱发财的，是为社会服务的。

十　国家与政府

从前讲完绪论以后，曾提出社会政治的种种问题，分为三大组。第一组，是经济方面的问题。第二组，是政治方面的问题。第三组，是知识思想精神方面的问题。第一组已经讲完了，从今天起，讲第二组政治方面的问题。政治方面的问题是什么呢？大约可以分为四大部分。第一部分是国家的问题，就是国家的性质、范围及其权力，等等。第二部分是政府的问题，就是政府的性质、作用和权力的范围。政体的君主民主哪一种好，哪一种不好？民主是直接的，或间接的；政府应该有，还是没有，等等。第三部分是法律的问题，就是法律的作用及范围，等等。第四部分是权利义务的问题，就是法律对于人民的关系，一是权利，二是义务，以及政府对于人民的权利义务的范围，等等。

这些问题倘一一说来未免太繁；最好是找一个观念，把这国家、政府、法律、义务与权利，四部分贯串起来。这四部分当中，法律是个中心问题。因为法律所规定的话不是让个人自由选择。它的特别意义就是有一种能力，可以帮助法律所说的话，使它有效。用这个根本观念来看，如事体的合法不合法，即是否在法律之内，是政治的问题；不合法应该如何办理，是刑法的问题，立法执法也都是政治的问题，所以法律是个中心问题。

先讲第一部分国家的问题。什么是国家？下这个定义不是我们的责任。国家无不有人民、土地的，而仅有人民、土地，也未必能算国家。如印度人民很多，土地也很大，还有历史上传下来的风俗习惯；但是我们只承认它为英国的一部分，而不承认它是个国家。这是什么缘故呢？大概除了人民、土地以外，还有政治的组织，就是政府。但国家却不是政府，政府不过是一种国家的机关或器具。

十　国家与政府

平常有人说：国家是社会的组织，有能力可以管理支配各分子的行为。但是研究历史的人就可以晓得，有能力管理支配各分子的行为的，不特国家为然。家长时代的家长，固有管理支配一家一族中各分子的行为的能力；即人类进化到近世，各种团体也有支配管理各分子的行为的能力。如一个会的能支配会员，教会及营业机关的各司等，也有规则管理支配它的各分子的行为。那么，国家的性质，与此种机关的性质相同。故须向别处去看国家以外的东西，然后可以把国家的性质，格外明了。

倘不直接去看国家，而去看旁的种种组织：凡是一部分人住在一起，它的社会生活自然发生一种组织，有管理支配的章程、办法和权力。这种管理支配，是免不掉的，不但国家如此，就是主张无政府的人，虽然不承认国家有能力管理支配个人的行为，但也不能免掉这种管理支配的章程。我知道美国一个主张无政府的团体，会员入会时签名遵守约定：永不做官，不投票选举，亦不被选举，不与政府往来。这种章程，会员能够遵守，就是一种管理支配，与国家有共同性质的东西。

我们研究无政府主义的实际方面，可以知道它攻击国家有两层意思：

（一）单是不承认现在这种国家是良好的政治机关，并不是承认一切有组织的团结都不配管理社会的事业。

（二）根本不承认国家应该用武力（physical force）执行它的法律，干涉个人行动。

这是无政府的人所主张的。但究竟国家是否应该以武力作根据，来支配各分子的行为，这个问题非常重要。俄国托尔斯泰一流人以为一切武力都不该用：国家不配使用军警的权力，故国家没有存在的理由。我们先把这个“力”的问题提出来讨论。

极端反对用武力的人对于道德上的力也以为可用。故“力”大约可分为两种，一种是精神的力（moral force），一种是物质上的力（physical force）。它们虽然反对政治法律的力，但却承认精神的力，如劝导、教训，甚而至于嘲讽。我们现在要讨论的，究竟精神的力与物质的力有没有界线可以分别。

据我看来，精神的力与物质的力并没有绝对的分别，两种力的界线很难划定。就是最专制野蛮的暴君不能全用武力把人民个个都关在牢狱里，加上脚镣，叫他们只准这样做，不准那样做。其所以能被他压服者，还有许多是心理的作用和精神的反应。他能叫他们“恐怕”，不敢不照他命令的那样做，这是心理方面的动机，而不是物质方面的办法。所以，物质的力与精神的力很难分别。但真的问题并不在乎区别物质的力与精神的力，也不是两种都不能用。真的问题是看“力”用出来在精神上起一种什么反应。暴君的力所起的反应就是“恐怕”，就是养成一种极下等的精神反应，所以我们反对它，不要它。

自古以来，各国政府所用法律政治的威权，固有许多不好可以指责的地方。但仔细想来，这并不是力的不好，也不是力的该用不该用；而在乎用法的得当不得当，聪明不聪明。是怎样用法的问题，不是用不用的问题。监牢、拷打、脚镣、杀头等刑罚所以应该攻击，并不是攻击力的本身，只是攻击它用力的蠢笨，引起很坏的反动：一方用法的人养成道德堕落，及残忍凶暴的习惯；一方被执行的人反而格外规避，法律愈残酷，规避亦愈巧。所以，攻击它用力太蠢笨，不是说一切力都不准用。

一切精神的力全赖物质的力始能表现，只有精神的力而没有物质的力以表现之，则这精神的力也无从看出来了。譬如脑筋里面的意思必须口里说出来，或手里做出来，才能表现；倘只有一个死意思放在脑筋里面，不使人知道，有什么用呢？譬如我有一个出门的意思，一定从走出门、坐车等动作表现出来；然走出门坐车等动作都近物质方面的力。所以我说，力并不是用不用的问题，是怎样用法的问题。用法应该聪明、经济；要不浪费、糟蹋。譬如二人都有很聪明的意思，只因用法不对，在路上一碰，两方面的力都打消了。所以法律政治的作用是怎样支配用力的方向，使力用形体表现出来的时候不冲突、也不糟蹋。

我于讲演开端的时候曾经说过，社会哲学与政治哲学的重要之点并不是笼统地赞成这样，攻击那样；而是在具体地考察评判这一件事，那一件事，这一个问题，那一个问题。现在对于"力"，也当持这个态度，去考察评判"力"的哪种用法是好的，是高等的，哪种用法是不好的，是下等的；而不是笼统地主张都应该用或都不应该用。然而这考察评判有什么作标准呢？大约有两个标准：

第一，看用力的时候，其含意是否为公共的利益，还是带有恶意。倘先存一种仇视的观念，而不以公共利益为前提，这种力用出去必然引起同样仇视的反动。所以用力以公共利益作根据的是好的，以恶意为根据的是坏的。如威廉与别国挑战是想用力摧残别人，就是不好的。国际如此，国内也是如此。

第二，看用力的时候是否能引起最高限度的知识思想。倘摧残或禁止别人用知识思想的是坏的，能提醒的是好的。因为用力的蠢笨与聪明全在知识思想的反应。

用这两个标准作评判的根据，可以把用力的方法，分为三种：

（一）能力（energy）。这是不可少的，譬如木工，不用刀、锯、锉、刨等形体的力，怎么能造出桌子、椅子等物？所以，用力能得出一种结果，是大家公认，不能反对的。如开口也是力，讲话也是力，不用力便不能达到目的。这第一种不成问题。

（二）阻力（coercion or resistance）。这是抵抗强迫的力，譬如有侵犯别人自由的事，不能不用力去限制它。这种力可要发生问题了。国与国是否应该使用兵力？国内是否应该使用法律警察等干涉的力？都成为问题。但我可以简单地说：这种力是可以用得的，但须看那引起它的原动的力是何等性质：它所抵抗阻止的原动的力比较越无理，那么这种抵抗阻止也就越有理。故这种阻力与引起它的原动力成比例。

（三）暴力（violence）。这完全是破坏、消极、不经济的力。第一种“能力”是为达到目的，第二种“阻力”是为限制强暴，第三种是完全不能发生效果，即发生一点效果，也所得不偿所失。古代的刑法，如腰斩、剐割、扬灰等最残酷的，本来都可以不用，而执法的人一定非用它们不足以快其感情，结果养成精神上的不经济，或蓄复仇的心思，或成规避的习惯。国内国际无不如此。所以力的问题，是怎样使一切的力都变为第一种有意识、有目的的力，越建设越经济越好；复怎样使不变为第三种破坏的不经济的力，以致引起第二种阻力。用这个作标准，然后可以评判力的问题。

"力"既然越消极越经济越好，越破坏越不经济越不好；那么，例如国家用力办教育、开矿、造路、建屋都是好的；用力杀人便是不好的。但用力并不限于哪一种组织；家庭、实业的组织，我刚才没有提到，也都可以用力，不过都应以经济不经济，建设不建设来区别。至于国家何以历史上成为最高用力的机关呢？这是因为人类总想寻一个最高主持公道的机关：譬如两个人打起架来，必定要找第三者的公正人来和解；不但冲突如此，就是偶有意见和利益的不同，彼此都不能不要求第三者的解决。因为公道很难找，只有第三者在二者之外，不偏彼此，可以做得公正人。又因人类争执的时候，有一种天性的趋向，一定要找比两造权力较大的权力来解决，这就是国家渐渐成为最高用权力的机关的原因了。

人类天性的趋向既然要找权力较大的第三者解决争端，那么家庭、教会和旁的经济组织，何尝不可以出来评判呢？因为这些都是小的组织，所代表的有限，或与两边有关系，不能不找更大的第三者出来。文化愈加复杂，各种组织彼此的关系亦愈加密切，遇有争端的时候，不能不归到这个代表最多最广的公共利益的机关来受评判。即如无政府的人主张自由恋爱，以为结婚的事国家不配干涉，男女尽可完全自己办理。但是，他们生下了小孩的时候，若再离婚，这便不单是他们男女两人的利害了。这里面便关系别人的利害，应该有范围更广的机关来评判了。社会愈进化，要求第三者解决的事愈多，所以国家更成为永久的评判机关了。

历史的进化，国家所以成为永久操纵最高权力的机关，我们可以再回到要讲的根本问题，找个标准，评判国家的好坏。国家所以可以操纵最高权力，因为它代表的是最广的公共利益；小组织所以不可以操纵最高权力，不配做评判人，因为它不能代表公共利益。因此，凡国家能代表最普遍的公共利益的是好的；若名曰民治，而只是代表少数人的利益，或皇室、或党派、或有钱的人，是不好的。总之，政治的根本问题是怎样组成一个国家，能代表最普遍的最大多数人的公共利益。

十一　德系学者的答案

上几次讲演国家的性质，提出国家的问题，往往容易与政府的问题相混杂。国家与政府虽然是两样东西，但是因为没有一个国家没有政治组织——政府——的，没有一个国家的重要行为不是用政府的机关去做的，所以，历史上每每把这两个国家的问题与政府的问题混在一起。

上一次又指出"国家"(state)与"国"(country)的不同。"国"只要有土地人民就够了，"国家"的重要成分却不仅在土地人民，而在行使职权和能力的机关。这权力对外可以抵抗防御，对内可以执行法律。这便是国家的特性。"国家"又与"民族"(nation)不同。有相同的语言、文字、文学及大同小异的风俗、习惯、思想，就可以算一个民族了。但民族不是国家。试看欧洲的波兰等等民族，久在那里想变成一个国家：这可见民族可以变成国家，却未必就是国家。有对内对外的威权，才是国家的特性。

国家的性质明白了，再来讲政府的问题。这问题所以成为问题，及最可以引人注意的地方，就是政府的目的，与其所以达到目的的方法，时有冲突。政府的目的是在做到国家应做的事体，国家所以要有威力，因为要想做到各小部分彼此都有关系，而各小部分单独的能力所做不到的事体，我们须先知道，政府的内容是人做成功的。人无不有他的野心、嗜欲和利己心。怎样可以使同我们一样有野心、嗜欲和利己心的政府，去做国家的事体，而不去做他自己私利的事体；使它有威权而不乱用，对于公共的事体，只有利益，没有妨碍？这真是一个问题。

古代希腊的学者有一个比喻说，政府是一个牧羊人，人民是一群羊。牧羊人对于羊所做的事体就是不使它受豺狼的毒害，而使它有水草，可以过它的日子。或者又说，政府为什么要牧这班羊呢？因望羊长大了可以剪羊毛，吃羊肉。如此，政府要用权力保护人民，正因要饱它的私囊。

讲到政府的问题，是极困难。政府要达到目的不能不用威权，否则对内不能行施法律，对外不能防御外侮。但是权利在人手里，怎样可以使这些人把威权用在对内对外，而不去做自私自利的事？这是实际的问题，而不是纸上的空谈。近300年来的学者主张立宪政体、代议政体及负责任的政府，都是因为有了觉悟，要想把它的威权设法防止，不使它滥用来妨害公安。

这问题在西洋起于两件重要的事实：第一，根于历史；第二，根于人的天性。西洋在古代也与东方一样，政府限于小部分人的皇朝，而且是世代传袭下来的。古代相传，以为君主的特权是天意给他的；他是应该得的，别人不能争的。他在政治上有最高的地位、最高的尊严、最大的权力；而且除了对于上帝，对于良心负责任以外，对于人民是不负责任的。因为政府不负责任，所以有要求代议政体的运动。英国何以发现这种运动最早？就因它的天命的君主势力较小，封建制度在英最短，神权的君主没有大的势力，所以发现立宪最早。大陆方面，君主的势力还大，立宪政体的成立就不能有它那样的早了。

以上是历史的事实。再讲人的天性。人类有了大权以后，要是没有限制，最容易滥用大权，做不好的事。无论怎样的好人若永远不受干涉，也渐渐利用他的权力去做不正当的事了。林肯曾说：如不得旁人的同意，无论如何好，不能统治他。他的意思以为人无论如何好，只要有了威权在手，便有用威权于不正当的范围的趋势了。

前几天看见一部学者的书，说西洋的政治制度根据于人性本恶的学说，所以提出许多牵制政府的方法，中国古代的政治制度根据于人性本善的学说，所以只以为君主自能仁民爱物，用不着议会等等制度去限制他。这话很可研究，但是太偏一点。西方政治制度的根据，其实并不是说人性本来恶的，不过说人类有了大权若没有限制，一定有滥用大权的趋势，就是好人也会变成坏人。并不是以为人性本来坏的，不过防备它、制限它不做坏事罢了。

但是，西洋政治学说主张限制政府的权力也不是一概如此，这当中有两个大的派别：第一，主张政府有绝对的威权。此派在大陆方面最有势力，是近世德国的学者最提倡的。第二，与第一派恰恰相反，主张自由，想种种方法限制政府。英国的学者提倡最力。

今天先讲第一派。

要讲这一派的政治学说，须先讲明白这派学说发生在什么时代。16、17世纪是大变迁的时代。一千年来，全欧洲的政治中心尽在于圣罗马帝国和圣罗马教。后来经济状况改变了，欧洲北部产生了许多新的小独立国；地中海一带商务繁盛，渐渐养成了财产阶级；蒸汽机虽尚未发明，工厂却很发达。加以旧教势力渐小，新教也起来了。合起这些宗教、政治、商业、工业的改革来，把统一的欧洲弄到四分五裂。北部诸国且常在纷乱之中，当这过渡时代，有许多人想往从前一统太平的国家，于是在学理上发生这专制的、绝对的政治学说。

在这朝不保暮的纷乱时代，自然大家都希望治安；因此对于政治，只要能使天下太平，什么学说都可以的。他们以为政府应该有大的权力，使我们过太平日子，其余的什么都可以牺牲。本着这种心理而倡为学说者，第一就是意大利人马基雅维利。他作了一本《君主论》，在当初是很有价值的。他以为君主应该用威权：对内要信赏必罚；对外只要是合着保民护国的目的，什么手段都不要紧，兵力也好，欺诈也好。因为国家不能受道德限制的，只有一种限制，就是使人民过太平日子。

马基雅维利之后，此派第二个学者就是英国的霍布斯。他生在英国大革命的时代，也提倡国家应有绝对威权的学说，较马基雅维利更为详尽。他说人类初生时代彼此互相侵害，由于人类有三种坏的性质：

第一是贪利，就是有财产的天性：什么东西都希望变为我的；自己的东西越比别人的多越好。

第二是怕死，因此彼此互相猜忌：我怕人家害我，人家也怕我害他，结果大家不得不互相防备。

第三是好名，就是爱出风头：我总要想在人家之上，结果大家争起来了。

因这三种坏的天性，大家互相侵害、互相残杀，没有安宁的日子，是很悲惨的。所以，大家商量一个办法，就是组织国家：把管理的威权情愿交给少数人，替他们维持公安，无论如何专制，只能听他，因为这权柄是他们自己交给他的。

霍布斯是第一个提倡有条理的主权论的哲学家。他以为国家的主权是绝对的、无限的，我们当初自己交给他的。这种观念，在当时因为时势的影响，也是必然的结果。但是，受他影响的学者却太认定了威权绝对无限之说，以为国家所许你做的事并不单是许你的，是命令你的；譬如你有走来走去的自由时，并不是国家许你走来走去，乃是命令你走来走去。这种讲法把国家看作无往不在，超于法律以上的东西。因为他们以为法律是国家所造，断没有能造者反比所造者为低的道理。这种学说，在英国一方面后来不久也不适用了。英国经过皇政复辟以后，到17世纪末年（1688）又变为很共和的立宪政体，这种学说已成陈迹。但在大陆方面，还着实有人引申为很有力的学说。

霍布斯之后，此派第三个重要学者是斯宾诺莎。它把马基雅维利和霍布斯二家学说的精彩取出来，变为一种较高尚和平的学说。他说人类没有社会的时候，与下等动物一样，不能算是人；等到理性发现，知道要有社会，遂把动物的野心压下去。有了这个观念，于是发生社会，社会是进化的一级，国家是再高的一级。国家有法律组织，能使人知道行为的规律，不单靠私欲活动，且能表现理性的生活。由社会国家进化，最高的是共和；但须人人都照法律去做，始可成为共和国家，否则只配专制政体，因为专制政体可以使人民知道全体的利益，把个人消纳于全体之中，故可以看作预备共和国民的训练。

斯宾诺莎讲国家的威权是无限的，人民只有服从；自然不能说什么反叛，什么革命。这是很严厉的政治学说。但是，也有一种限制，就是不能侵犯思想信仰的自由。因为国家是人所以表现他理性的生活的，应该让他一步一步地发展他的理性，不能去侵犯他良心的自由；否则便反背了人类所以要有国家的原则了。

十一　德系学者的答案

斯宾诺莎的哲学，在他自己的时代，没有什么效果。他是犹太人，犹太人在欧洲往往不大有人看得起的。就是他死了以后，也没有很大的直接的影响；但间接的影响却是很大，德国后起的学者把他的学说提出来，再加上点亚里士多德和柏拉图的学说，合在一起，产生一种新的政治哲学，在大陆方面有非常大的影响。

这派德国的新政哲学起于19世纪的初年。因为18世纪末年，法国大革命的反动闹得很惨，所以，德国这班学者见了个人主义——自由主义——酿成恐怖残杀的结果，遂提倡这派哲学。黑格尔的学说以为国家是代表天意的：天意到什么地方，便指定哪一个人代表天命，传播文化。战争是表示天意的东西，天意所喜欢的给它胜，否则败。他并且引许多历史上的事实，证明天意必有所归，德国是代表最后的天意，宣传文化，所以有很大的威权。

黑格尔差不多是个德国官派的哲学家，势力很大。他由历史的观察，以为神圣的意志从国家表现出来，个人只能消纳于全体之中。黑格尔在欧洲大陆的影响，有两大效果。

第一，使普鲁士的独裁政治有学理的根据，助成它的军国主义，并且使德国人存了一种很坏的见解，以为只有它的文化是正宗，是代天宣传的文化。

第二，是它的好的一方面。下次讲个人主义——自由主义——一派的坏处，在于把国家的势力太限制了，以为国家只可维持关于物质方面的平安，它的权力愈小愈好。现在讲这派第二个效果，就是这个反面的好处：即认定国家所包，不仅在生计方面和物质方面的裁制，还有精神方面的文化事业与教育事业。

这次欧战，常有人说，可算是两种不相容的政治哲学的战争。一种是自由主义，一种是独裁政治。我们承认独裁政治打败了，以后再有主张它的不会有最后胜利的了；但是，德国系的政治哲学也有一部分真理是永远胜了，不会磨灭的：就是看国家不仅在保护财产，履行契约，还要做精神上的文化教育的事业，使国人有精神上的发展。我希望自由主义的政治哲学家也把此派有价值的贡献收入，成为更完美的政治哲学。

十二　英国的自由主义

讨论政治的中心问题，就是国家行使政府的威权，怎样才有道德上的理由？即国家的组织——政府——行施立法、司法、行政的威权，有什么道德价值的限制？

这个问题有两个答案：

第一，就是上次已经讲过，德国系学者的答案。他们以为这简直不成问题，因为一切是非善恶和道德不道德的标准，都根于国家而来。没有国家，便没有所谓社会生活，自然还有什么是非、善恶、道德不道德之可言？国家既然是道德生活的根据，所以用不着道德的限制。

第二，是今天要讲的英国一派自由主义的答案。他们以为国家所以能行施威权，完全以个人的自由为根据。个人自由有冲突的时候，国家用威权来维持他。

这派自由主义的政治学的一个最重要的代表就是英国的洛克。他著书在1688年英国大革命以后，这时候英国正把专制王朝推倒，换了立宪的君主政体。新王朝进来，受许多宪法的限制，从此再没有专制政体出现。洛克著书目的是说明立宪政体在学理上的根据，替大革命辩护。

洛克开始就说有两种情形的不同：一种是有了政治以后，一种是没有政治以前。没有政治以前，是天然时代（state of nature）。人是理性的能群的生物，所以，在这时代虽然没有政治，却也有社会的生活，且不是互相残杀，像霍布斯所说。可是这时候的人虽然也可以过日子，但有三种缺点，有发生政治的必要。

第一，没有一种机关能发表社会间应守的法律规则。

第二，因为没有法律规则，所以彼此争论的时候，没有第三者做公正人。人人自己都是裁判官。因为人人都是袒护自己的，所以结果弄得没有是非。

第三，没有第三者执行赏罚。犯了罪没有人去罚他，所以只有子孙出来报仇，不但人人做裁判官，还要人人做警察，于是大家仇仇相报，没有已时。

因此，大家商量设立机关，办理立法、司法、行政的事体，所以，有发生政治的必要。

照洛克这样讲法，是人类大家因为感受没有政府的不便，所以情愿牺牲一部分的自由，去换得更重要的权利。就是牺牲天然世界中人人立法司法执行的一部分自由，去换得生命财产格外稳妥、格外安全的基本权利。

这样协商的结果，大家委一部分人组织政府。人民与政府之间仿佛立有一种契约，这就是所谓民约论。人民把立法司法执行的一部分让给政府、委托政府去办，使人民的生命财产格外安全。这就是所谓契约。洛克的用意：第一，是为1688年革命后的立宪政体辩护。规定权限、订立宪法，是为保障人民权利；使新政府有学理上的根据。因为政府是受人民委托来的。第二，是为这第一次大革命说明。推翻斯图亚特王朝，不算反叛，是正当的革命。政府是受人民委托的，办理不善，就是不守契约，人民当然可以出来更换。这是道德的、合理的、相当的手续。

有一派反对的人以为，这学说用历史的眼光考证，没有确切的根据，所以不能存在；历史上并没有人民与政府订立契约的事实，这种学说自可打消。但是这种反对对于这派学说的精义，仍然没有妨碍。洛克并不要同人家讲考据。他的目的：第一，政府不是凭空存在的，是有目的的，有作用的；倘它不能做到契约的条件，人民可以不要的。第二，人民对于政府应该保留干涉的权利：好的政府不必说，坏的可以推翻、更换。这两种是他的学说的精神，就是没有历史上的根据，也是依然存在的。

洛克的学说并不是民主的而是君主立宪的：不是主张人民保留政治权利，而是主张把政治权利委托政府的。但是，政府须受限制，太坏了可以革命。他本是王党，是主张立宪的王党，所以他的主张如此。

此后一百年，1789年，法国大革命起来。那完全是民主的运动。法国大革命的哲学代表是卢梭，正如英国大革命的哲学代表是洛克。卢梭提倡的是民主革命的学说。

卢梭的根本观念是：以前和现有的政府都不是良好的，良好的还没有见哩。现在的政府不过根于势力威权。正当的是应该大家协商，人人把自利的意志暂时取消，尊重共同的意志，以代表社会全体的幸福乐利。以社会全体的力量去帮助执行共同意志的政府，才是正当的政府。

卢梭以为法律是代表共同意志的，故立法权最为重要，应该让归国民全体。洛克的学说主张三权分立：立法、司法、行政并立，不能偏重，偏了就是专制。这是英国人相传的见解。卢梭既认立法为最重要，便不信代表制度，以为人人应该参加立法。司法行政不过是派出来管事体的，所以不甚重要，不得当的时候，只要更换就算了；只有立法权非归人民保存不可。这是极端的民主政体。

卢梭的学说也如洛克学说之于英国革命，是法国革命的哲学，是革命思想上的背景。英国人不甚欢迎它：英国人看卢梭，正如现在守旧的人看布尔什维克一样。布尔什维克的学说有许多是从卢梭传下来的；不过卢梭所讲的公民全体，布尔什维克只主张劳动工人全体；卢梭所讲的共同意志，布尔什维克只主张劳动工人的共同意志，略有不同的地方罢了。

现在要讲这派学说沿革的历史。洛克的学说，从17世纪末年一直到1832年，经过许多的变迁。17世纪以后，英国政治的腐败情形渐渐引起国人的注意。洛克的学说究竟不是民主，而是君主立宪；宪法的限制还是很少。英国人受了法国革命的影响，对于他的学说不能满意。于是19世纪有人出来修正，就是所谓“乐利主义派”（Utilitarians）。他们以为政府是在乎用的，是以谋最大多数的最大幸福为目的的。

乐利主义的根本观念，就是政府以谋最大多数的最大幸福为目的；人人平等，每一个人算一个单位。把它分开来说，在政治学上的应用有三条：

第一，每人对于他自己的利害，知之最深；别人无论是谁总不如他自知得深切。这个观念很重要，由此发生普通选举的观念：每人投票，表示他要什么不要什么。近世普通选举的运动，简直可说是根据这一派个人主义的学说，这派学者知道人人知识不能平等，所以主张代议政体：由普通选举选出人来代办。但

1919年5月杜威夫妇参观上海申报馆，与史量才（前左一）合影，后排左起为胡适、蒋梦麟、陶行知、张作平。

是，选出来的人有什么可以限制他们呢？否则不是很危险吧？所以有第二条的主张。

第二，被选出来的人须对于国民负责任。国民选他赞成的人不选他不赞成的人；选出以后，又定出几年一任的限制，任满以后，还须回到国民面前去算账。如此则被选举人对于选举人负完全责任。

第三，立法者也须受法律的限制。这话初听似很浅薄，其实是很重要的。这就是立法者也须根据基本宪法，使政府各部分都受宪法的支配。

这三条是自由主义的革新主张之最烈者。经过许许多多的争执，在英国总算逐渐做到；美国自开国以来，也依着这条路子逐渐做到。19世纪的政治史，可以算作这三条要求及实行的历史。

这派学说，经过许多变迁，因为时间的不同或地位的不同，其根本观念也有了许多变化，我此刻把三种总括起来，说它的大意。

第一，国民是政府威权的来源：政府的威权不是由天上来的，也不是由什么超自然的势力来的，是很平常的人民给它的，所以人民有干涉政府的权力。这是民主政治哲学的基本观念。

第二，国家是为社会的，不是社会为国家的。德国系的说法，以为社会生活为国家而设；自由主义则谓有了国家可以使社会间互相交换感情意志，国家是为社会的，不是社会附设于国家的。

第三，不是人民对于国家负责任，乃是国家对于人民负责任：就是政府所行所为，须在人民面前交代得出；不然，人民就可以干涉或撤换。这一层也很重要，许多手续上的讨论都是为此。就是人民怎样可以有使政府算账的权利？

关于这类的讨论，如普通选举、直接选举、规定年限、修正选举法等，其本身问题虽然没有什么神圣，但都根据于这个学理，就是有许多由于政治常识经验来的，其手续也很重要。人类知识经过多少困难，才能得到这样一个使国家对于人民负责任，施用威权有限制的方法。所以，这些手续也是多少年来政治经验的结晶！

十三　人民的权利

我从前把社会哲学与政治哲学的问题分为经济、政治和知识思想三大组。第一组已经讲过了，第二组的问题，前几次所讲，注重在社会应该用法律支配的重要，但不是一个或几个人发号施令的法律，是由多数人的公共意志维持公共生活的法律。政治的民治的历史是人类逐渐做到这个地步的痕迹；就是逐渐把人民公共意志的政治，代替少数人发号施令的政治。

所谓政治的民治，不但用多数人的公共意志的法律，来代替发号施令；还有政治上重要的变迁，就是用有意识的立法，代替遗传风俗习惯的立法。有许多法律都是从古代堆积下来的旧法，而不是研究讨论的结果。民治的政治有立法机关，它的法律是研究、讨论、修正的结果，这才是真正的“立法”（legislation）。又民治的范围逐渐推广，即使民选官吏，或者一时不能做到，然至少也须做到选出人来立法，代表多数人的意志。这也是重要的变迁。

我们此刻要讨论的，法律在社会实际上有怎样的作用，简单地回答只有两件事：

第一，使人民有种种权利。

第二，使人民有种种义务。

权利是什么？是行为的规定之中有权力可以怎样做。因为有全社会的权力来帮助它，所以它有这样做的权力。换句话，它所以能够这样做，因为社会的权力在法律背后帮助做：有人干涉时，法律和社会都可以出来代它反抗。所以，权利就是全社会的势力在法律背后允它这样做的一种权力。

这些个人所有的权利，是社会法律公认的。所以，个人在法律上、政治上的自由，便是种种权利的总数。其次，法律的作用还须维持秩序和共同生活，故归并个人应履行种种义务：消极方面，如某事为社会所不许，某事为法律所不许；积极方法，则规定行为的范围，只准这样做，不准那样做，便是一种义务。因为维持秩序和共同生活，故有此种义务。

这样看来，每种权利都连带着义务。譬如财产权是个人所有的权利，但也连有义务：消极方面，如不许侵害人家财产；积极方面，则须依照法律的规定，买卖时填写规定的契约、纳税、中人及律师的证明等。这不过几个例，说明有权利而不履行义务，就没有所谓权利。

由此可以明白，权利不是个人自由行动，是在有社会的全势力在法律后面允许和保护。明白了这个以后，我们可以再来讨论权利的三种分别：

第一，个人的权利，或曰天赋的权利（personal rights or natural

rights)。

第二，公民的权利(civil right)。

第三，政治的权利(political right)。

个人的权利就是个人人格的权利，举具体的例，最重要的有四种：

(一)生活的权利。个人生活总要平安过去，不受人家的侵害；倘没有经过正当的判决，犯什么罪，不能侵犯他生命上、身体上的种种自由。这看去虽似很普通，然历史上不知流了多多少少的血，才能争到这一点！

(二)行动的权利。这层也很重要，有了生命而不能行动，有什么用呢？

(三)财产的权利。这不是有了这个东西那个东西就算了，还须所有权，就是社会法律公认这个东西那个东西属于这个人那个人的。

(四)契约的权利。与人家做事，非立有契约不可的。

这四种是个人的人格的权利。

公民的权利是从人格上的权利来的。因为四种人格上的权利都须经法律规定，社会公认，决不是道德上、理想上的行动自由就够了的。倘能使这些权利变成社会法律的权利，那么随时可以使唤种种机关，如法庭警察等来替它保护，替它评判曲直，赔偿损失。所以，这种权利是民事的权利。

所谓民事的权利，在西洋法律上称为控告与被告的权利。被告也是一种权利吗？因为假如不承认被告的权利，争斗起来的时候，大家便都自己执行。所以文明社会里，不但要求控告权，还要求被告权。因为在不做到法治精神及没有法律观念的国家和社会里，人民各分子的争斗往往自己动手执行，不承认对手有被告权。所以被告权也很要紧的。

这个权利，不但人民对人民，就是人民对政府，也要保持的。政治的民治不但人与人有法律保障，人与政府也有法律保障。英国人在历史上为什么占重要的位置，因为他很早立了宪法，对于法律看得非常宝贵，对于政府官吏一点也不肯放松，凡是身体行动等等自由，固然不肯随便受政府支配，就是抽税等各项保护财产的事务，也必须自己举出人来办理：这样与政府奋斗，才能做到这个地步。这是政治的民治史上一件极重要的事实。

再讲第三类政治的权利。这类权利是根据第一第二两类来的；因为单有一二两类权利，而没有第三类政治上的权利，则一二两种权利仍然不能稳当保持。倘要一二两类权利有法律的保障，非要政治方面有权利不可。故人民应要求参政：即不能选行政官，至少也须选立法官。这政治权利最重要，因是三种权利的保障，没有了此，则一二两类也是空文。

我们理想中可以想象一个开明专制的国家，既有好的君主，又有好的官吏，政治法律都很修明，只有人民没有政治权，这也未尝不可能。但从人类经验上看来，这种理想大概是梦想了。好的皇帝、好的官吏，也许可以有的，但只是暂时的。我们从前讲过，人类一朝有了大权在手，无论如何好人，总有自甘堕落、滥用大权的趋势。这是人类一个大毛病。故无论如何，非有政治权保障不可。

政治权当中最重要的是选举权。从前选举权是有限制的，后来凡是男子都有了，后来不论男女凡是成人都有了：有了选举权，便可选举立法行政的官吏。还有被选举权，被选举以后可以去担任公家事务。古代担任国事的只有少数人的，以后逐渐不论男女，凡是成人都可以担任国事了。这些看去好像不重要，但这是器具，不是目的，是个人的和公民的权利的保障。

讲这些权利最重要应该注意之点，就是刚才所讲凡有权利不是独立为个人所有。个人所以能有权利，全赖个人是社会的一分子，国家的一分子。他的权利全赖社会和法律给他保障，否则便不能成立。这个观念是根本的观念。真讲权利的，不可不承认国家社会的组织。讲无政府主义的人，只有两种说法。第一，一切政府都是压制的，压制的便是不好的，所以冒了险要求自由。第二，人类社会的组织已经久了，所受的训练也很够了；所有政府法律等件，虽都去掉，人类仍然能守秩序。我们看他这两种讲法，都不能不承认社会的组织。

讲到权利的观念和争权的历史，自是所谓政治的个人主义（Political Individualism）。但这权利并不是离开社会而有的，是因有社会组织才有的。这一层我所以再三申明，因为每每容易与自私自利的个人主义的争权利相混。

从前讲过社会哲学与政治哲学不是绝对的，而是比较的。有了某项事实、某种社会情形，然后始对于它发生某种政治学说。权利的问题，现在西洋已经不成问题了。前几百年，对于这个问题的确是争得很厉害的；争得的结果，几项根本的权利，已大体都有了。中心的问题，现在渐渐变到别方面去了。

历史上看来，争个人权利的运动，都是因反对坏的政府和官吏虐待个人、侵犯个人的自由而起。这种政府，西方现在已经渐渐减少；政治的组织，也大体都是能代表民意；法律的保障，也都有了。所以，现在西方的政治问题，是有了权利以后，怎样用它才可以谋社会的公共利益。

这种政治问题的变迁，可说是从“权利的问题”变到“用权利的机会的问题”；不是某人应否有权利，是人人怎样有用权利的机会。例如没有财产，要财产权做什么用呢？所以，政治的种种势力应该换一个方向，不但要使它有抽象的权利，还要使它有享用权利的机会。

法国一个思想家嘲笑纸上法律和纸上权利，说：法律是根于平等的，无论富人贫人都不准偷面包，无论富人贫人都不许在露天里居住。这话讥刺很厉害的。我们可以明白，只有纸上的权利是不够的，还须有实际上享用权利的机会。

西方近来有许多政治社会的趋向，可以表示这个变迁。不但用法律政治的组织，把不公道的逐渐减少，归于真实的公道；还有一种社会的公道（social justice）也逐渐减少从前的不公道。

再举个具体的例，如近来有许多国家，用势力规定做工的情形，和取缔妇人小孩子的工作。还有许多并规定最低度的工价，使工人不但可以过活，并使他略为宽裕，不至堕落。还有用抽来的租税辅助年老和疾病残废的人，即不做工时也不会受苦。这都可以表示不为权利，而是用政治的组织使人人有享用权利的机会。

还有最明显的趋势，是用纳税的制度，使财产渐趋平均，不断增加岁入而已。例如所得税，以级数递进，所得多的抽的也多，所得过少的不抽税。又如遗产税的制度，也用级数递进的法子。这都并不是为国家增加岁入，而是以政治的势力使不公道的逐渐公道，不平等的逐渐平等。这个趋势也可以在“权利”的题目下讲，因为是把权利范围逐渐推广，使人人有充分发展的机会。

西洋近日最重要的问题，是用国家的势力去平均社会，使不平等的逐渐减少，应该走到什么限度。这是政治学上讨论最切要的：一方是社会主义；一方是个人主义。两派当中又有许多派别。

据我看来，这个问题，不但西方，就是中国，也未始不重要。不过在中国略为不同的一点就是：中国提倡个人自由发展，还是也须像西方的经过争权夺利的时代，再回到国家的权力使社会平等呢？还是把两步并作一步做呢？

我们至少可以从理想上讨论这个问题的理由。

第一，中国似可以把两步并作一步，同时并做。因为中国很有古代从孟子以来的保民政策的学说可以作根基。中国向来没有个人主义的政治学说，所以很可以把从前父母式的皇帝的保民政策，变为民主的保民政策。

第二，中国今日很可以利用普及教育，使人人的机会平等。普及教育的用处，并不是为个人争权夺利，是使人人有平等的机会。西方发达普及教育，远在工业大革命以后。中国今日正工业革命未兴之时，应从速实行普及教育，预备将来机会平等的能力。

第三，中国此时可以利用专门知识，研究专门的问题。西方个人主义学说的坏处，就是不大崇拜专门学识，以为人人有了教育，人人都能管自己。不晓得社会政治都是很复杂，就是一小县里面，也有教育、税则等等都非专门不可。中国此时及早预备，尚可挽救。

这不过几个意见。问题是很重要的，很值得研究的。中国此时虽有许多特别问题，但都是暂时的；将来总要有回到根本问题的一日。工业变迁是不能免的，个人主义的争权夺利也是不能免的。怎样可以有个人主义的好处，而没有损害社会的坏处，这是一个重要问题。

十四　国际政治

今天是第二组政治问题的最后一次。前几次讨论国家的问题，今天从国际方面讨论政治问题与国家的关系。

从前开讲的时候说过：凡是社会政治哲学的起源，由于社会的种种冲突，如群与群的冲突、团体与团体的冲突、利益与利益的冲突。这些冲突，以地理的关系为其中心，对于群外的人，都取仇视的态度，不愿来往。团体扩大至于国家，其群内群外的仇视亦愈大。这些小自部落大至国家的交相仇视，实根据于心理上的理由：人类最怕不知道的人，因为客我与我不同，谓之外人；文化与我不同，谓之野蛮；道德与我不同，谓之不道德。这是平常冲突的原因。其后团体要扩张势力，不得不侵害别人的团体，冲突也因而愈大。国际的问题，即起于这个事实。

这个问题不必详讲。疆界观念无论何人都有一点，诸君想都知道的。以地理的根据而言，小而乡土省份，大而国家，都可造成这个观念。这个观念有两方面：一方对于群内，好恶相投，互相帮助；一方对于群外，好恶相驱，互相仇视。有事的时候，大家合起群来攻打别群的人。民族的国家是很新的，是19世纪的出产品，从前都根于乡土的观念，没有所谓民族的国家（national state）的。

民族的国家固是19世纪的出产品，但从前也未始没有，不过不很普通。英国三岛本与欧洲隔绝，故成立民族国家最早；西班牙、荷兰、法兰西，虽以次成立，但究系少数。德国本一百多小国，互相侵害，意国也是如此。19世纪中叶以后，德国、意国始渐渐成为统一的民族国家；日本也于明治的时代，始归统一。自此以后，无国家的民族都要求成为国家，如波兰、波希米亚、亚美尼亚；如印度、爱尔兰等，都要求成为民族的国家。所以，民族的国家是很新的。

民族主义的国家主义，这观念发达自有好处；但从另一方面看，其坏处也未始没有。国家观念发达，由小群变为大群，乡土眼光，地方界限，都逐渐打破；把共通利益的范围推广，对于大群各分子，都有人类的同情，互相帮助，没有偏私，这是好处。其坏的方面，就是国与国的仇视之见愈深。从前的竞争是没有组织的，当兵是出钱买来的；现在国家即有组织，一经开战，全国工商学各业都受影响。此次大战以前，欧洲几成为一个武装的大营盘，大家都等着开仗。结果没有一个人不受损失，害处反而更大。

民族的国家观念发达了，同时又发达一个主权（sovereignty）的观念。这个观念，就是国家对于人民有至高无上的统治权：自己立法，自己司法，自己行政，都不容旁人的干预。结果成为国际的无政府（international Anarchy）的现状，国际政治发达的历史，与国内恰恰相反：前几次讲国内的政治，自独裁的变为法治的，对于人民不负责任的变为负责任的，权力无限制的变为有限制的；但对于国际，却每国都有最高的权力，所以，变作国际的无政府了。

在国际的无政府当中，本来只要有稳当的国际法。但是，现在的国际法，能不能算为法律，还是一个问题。法律的最重要观念，在乎公认有执行的中心机关。国际法没有公认的机关、司法和执行。故平时未尝没有用处，一到有事的时候，便失了作用了。例如此次大战，这国说那国违背国际法，那国也说这国违背国际法，其实大家都违背了。这并不稀罕，因为此法自身还没有成为法律——法律不能承认战争，试看国内的法律，都是不承认人民可以打架的；国际法还在那里承认战争，不过定了几条限制战争的规则，所以自身已失了法律的价值，在国际的无政府状况中毫无用处了。再说，条约也未始不可补助国际法，但是条约大都根于均势，彼此谋势力和利益的平均，反使国际现状格外危险：是则条约也无甚用处了。

这国际的无政府的现状，到近来大家实在忍无可忍了。所以，国家主义尽管发展，同时旁的势力也尽量地发展。这些超国家的势力（transnational force），如科学、美术、文学、宗教、旅行、邮政、商业、财政等都逐渐逐渐把四分五裂的世界联合起来。例如科学是没有国界的，这一国科学家的发明，也靠别一国科学家的帮助；宗教也是没有国界的，基督教各国都有，佛教也行于中国、日本、印度、朝鲜等数国。这不过举几个例，说明人类忍不住国际的无政府，故向旁的方面发展，把世界联合起来。

不但是精神上宗教等等的联合，而生计方面的联合更为重要。商业发达，使全世界经济打成一团。一国中金银棉麦等价，没有不影响于别国的。精神方面和经济方面，都已联合成为超国界的势力，而政治方面，却竭力想拆散它，故大家更觉得忍不住了。

因精神方面、经济方面互相联合的理由，都不能不反对国际无政府的现状。但政府方面却促成战争愈加利害了。战争的剧烈，大约有两个理由：第一，科学发展的结果，潜艇飞艇都被战争利用；历史上看来，凡造一种杀人利器，如弓箭、名枪、氯气炮等，当初总想不用的，后来做不到，不能不用了；故要使世界再有战争，比现在一定还要利害。第二，现在的战争范围不仅限于战者，其余社会上什么职业都加入的；故一经开战，各业都完全停顿，结果费了多少时间、心思、经费，还不能恢复。

因有这几种缘故，所以大家觉悟国际的无政府是根本要不得的，大家应该想救济方法，把国内的法治制度推到国际，造成一种国际的负责任的组织。但这不是容易的事。这是根本的改革，非使政府彻底觉悟，变为有法律的互助的政府不可。从前国民对于外交政策是管不住的，所以，民主的制度不能行于外交：国内尽管民主共和，国际还是独裁的。故非大家有彻底觉悟，彻底改革不可。

因为大多数人觉得忍无可忍，所以近几年来威尔逊总统这些人提倡国际联盟，各国也很热心地赞助。这个新提议是想把从前无政府的变为有政府；司法、立法、行政都有具体的办法；从前自己作主的制度打破，攻守同盟的协约或联盟也打破，公认立法、司法、行政的机关。其细节兹不详讲，不过说明大家忍无可忍，故有这许多人的赞助。

固然不消说，一年以来，全世界的人都很失望，不但威尔逊总统提出的种种新组织都失败了，还闹出种种失望的事来：只顾现在，不顾将来，对于打败的国家逞一时快意，大敲竹杠。这是不必讳言的。但这个失望不过是暂时的，不是永久的；世界不会有永远坏到这般田地之理。

至于国际联盟怎样可以做到，一下也很难希望；但有许多进行的层次，很可以乐观的：

第一，是仲裁的发展。仲裁机关的最重要之处，不但公平评判，而在延缓战争。战争将开，先须经它的研究、调查、评判；时间过去，自然火气也冷下去了。大概战争只有少数人希望的，这样一来，国际战争自然减少了。

第二，是减少军备。从前有一种迷信，以为要和平先应备战，所谓武装的和平。这个迷信，近年没有了；并且知道凡是东西预备了一定要用的，譬如好的刀天天修饰，总想用它一用。大部分岁入供养了它们，没有不想试一试的，待一发便难收了，于是国民负担因之加重。所以，我希望一二年以内，全世界有一个很有力的要求，把军费减少，大家向国际的路上走。

第三，是外交公开。从前的外交都在暗底下行动，不使人家知道的。所以一百年前的事，到现在还有为人家所不知道的。现在消息灵通，舆论也格外有力；秘密外交断不能存在于今日。所以外交公开，也是国际改革的一步。

第四，是国民公共干涉外交。这一层最重要。从前的外交不特不公开，简直与国民无关，完全让少数的外交家和军人去干。近来感受外交成败，不是少数军人政客的关系，是国民公共的关系，所以希望全世界的国民有一种干涉外交的运动。倘国民真能干涉外交，则战争自然减少，因为大多数人都是利害相关切的，不愿意开战的，要战的只有极少数人罢了。

总结起来，我所希望的不但和平不打仗就算了。和平是消极的观念，不算稀罕。有些是懦夫，有些是金钱的关系，有些以国为不重要，也都希望和平。所以只有和平的消极观念是不够的。国际的和平须有种种积极的事业，使各国有了这组织以后，解放有用的精力，用在有用的事业上，解放种种无谓的危险，向着有益的方面走，造成真正共同生活的世界，真正共同生活的人类。

十五　知识思想与社会生活

我从前把社会哲学政治哲学的问题分为三大组：（1）经济的问题；（2）政治的问题；（3）知识思想的问题。第一、第二两组已经讲完了，这一次与下一次讲第三组知识思想的问题。

这个知识思想精神上的生活，与政治经济的生活很有密切关系。我们可以说这三组问题，其第一、第二两组不能离第三组而独立。这个关系可以从两方面讲：

第一，知识思想精神上的生活，可以提高社会生活的价值。

第二，知识思想精神上的生活，可以算作社会生活的基础。

我们先讲第一层：人类不是像动物的样子，只要饮食男女就够了。人类的生活，尤须有知识思想精神的一部分混在里面变化他们，使他们的欲望合于生活的文明标准，不但满足欲望就算了。例如近来全世界的种种劳动风潮，它的根源在什么地方？许多人说，只要把物质与资本家平分，就没有问题了，其实仔细看来，这一层固然也未始不重要；不过这经济方面的均分不均分，究竟还在其次；工人得了许多钱，恐怕还是不安的。其尤为重要者，资本家不但垄断金钱，还要垄断知识：凡是工厂中关于知识思想的部分，都用不着工人的管理计划或预算。这很可以举个例，说明精神思想的生活，能够使政治的经济的生活格外有价值。

再举个政治的例，何以全世界的人都要争这个民治呢？为生计经济的生活，大家因此可以少纳税多赚钱吗？其实不然。大家所以要争民治，因为大多数人可以加入政治生活，使各人的知识思想感情都有充分发展的余地：推广原来自私自利的范围，去做较大的事业。这是民治的益处。故可说：民治的最大益处是教育的，不仅物质生活的提高便够了的。

以上是第一层，知识思想精神的生活，可以提高政治经济的生活：不但文化的分量加多，还把享受文化的人的分量加多。再讲第二层，知识思想精神的生活为社会生活的重要基础。这是很显而易见的。试问社会各方面，哪一处没有知识思想精神的基础。工业革命固然在于机器增多，造成近世文明与古代文明大不同之点；但它的根本问题，却不仅在机器，而在一二百年以前的科学发达。把科学发达的结果应用到制造出产的工业上去，遂有工业的革命。因此，可以推知，不是先有知识思想精神的变迁，决不会有工业的革命。故此刻特别注重第二层，知识思想精神的生活是社会生活的重要基础。

讲到这里，我先要提出两个道理，大家可以承认的：

（一）凡是站得住的文明，一定有很可靠的根据。这个根据就是有系统的思想信仰。

（二）一切社会的重要变迁或改革，一定是与思想的变迁改革同时来的。

这两个道理大家都可以公认的。

现在的时代是一个世界的大转机，各处都是如此。这个便是表示知识思想的变迁。不但政治制度变迁了，就是许多从前最公认的道理、信仰或学说，也都动摇了。而同时却还没有找到新的思想信仰，来代替将倒的基础。所以说是全世界知识思想界的大转机。

现在全世界第一个社会大问题，就是怎样以科学的“教权”（authority）来代替从前旧训成法（tradition）的教权。教权是什么呢？就是思想信仰在人生行为上的影响。没有一个人能把教权完全打破的，不过这个人打破此点，那个人打破彼点罢了。所以，问题是怎样以科学的教权代替成法，或曰怎样以科学的思想结晶到从前旧训成法的地位。

人类总离不了两种势力：（一）物质的环境的势力；（二）思想的心理的势力。什么是文明？就是人类不但过猪狗等野蛮的生活，只受物质的支配；而且能管理得住外面物质的势力，和里面心里的势力。越管理得多，便是文化越高。人类知识思想影响社会各方面，到了某个时代，从前支配过的教条信仰已经成了系统，所以还要用这些东西来支配生活，不但物质方面就完了的。

照近世人类学者的讲法，人类在地球上，很稳健的算法，至少已有30万年了。这30万年当中，肢体官能没有什么大变迁、大进化，但在社会的出产品方面，如信仰、文化、教育，等等，却格外丰富浓厚了。传播文化的方法，也格外进步了。

照此看来，最文明的人，其耳目肢体与30万年前的人大体无甚差别。其不同之处，则在人造的或曰人文的结果。人类30万年以来，没有一处不受思想、知识、习惯、信仰、文化、制度等等教权的支配。因此，偶有动摇的时候，与旁的生活处处都有影响。因为关系太密切了，没有一个变化不影响旁的变化的。

这些就是我们所要讲的知识思想的教权。我们自生下来以至长大，四面八方吸收进来许许多多的思想知识习惯教条，积起来成为文化环境，处处影响于我们的行为，这便是所谓教权。教权既如此普遍，故人无论如何自由，也不能逃出它的范围以外。至多也不过教权的性质或方法变了；完全脱去是做不到的。

我们可以问问，我们所讲以科学的教权代替旧训成法，究竟性质上怎么样；换句话就是，将来思想改革应该向哪一方面走，然后可以成为教权，影响于人生的行为。科学的教权，其性质是什么？明白了这个，然后可以知道趋向。故第一层新的教权，便是以写实主义代替从前的空想主义，以自然主义代替从前的超自然主义。

什么叫作以写实主义代替空想主义，而以自然主义代替超自然主义呢？我们所以反对古训成法，因为它大多数不是从思想上研究观察来的，而是从无意识的历史神话崇拜等事造成的。这些超自然的云雾造成以后，堆积起来，不教侵犯，越久便越加神秘，越加神秘却也越加糊涂了。

我们所讲的科学态度，与这些超自然的云雾完全相反。科学态度注重事实，先以观察，继以研究，然后判断批评它应否存在。写实主义便是承认事实的是非，有对于事实的忠信；所以，思想革新，只认事实；凡是不能承认的，虽是几千年来的东西，也不能承认，因此便有许多冲突。其重要之点，就是以根于事实的东西代替不根于事实但凭想象的东西。

有许多人以为只重事实，反对想象，未免偏重唯物主义，是很危险的。这是错了。只重事实，反对想象，未尝不可有精神上的生活。人类外面的事实自是物质居多，但人类能懂得它，管理它，对付它，已经是超于物质界了，已经是精神生活了。

我们再讲第二层公开的宣传（publicity），便是以互相的公开的方法宣传文化。人类的进步，全赖他对于宣传真理有一种信仰。越宣传越进步，越秘密越不进步，故宣传是进步的原因。

旧训成法所以能站得住，全赖秘密不公开，落在少数人的掌握中。科学家发明了新学理新东西，立刻传播于世界各国的科学家，让他们大家试验、证明和应用。科学家注重互助，打破国际，用公开的宣传，发明不久大家都知道了，所以有今日的成绩。营业和外交，因为不知道公开宣传的好处，什么事体，只是秘密，所以弊病最多，害处也最大。

营业上所以阻碍进步，就是发明东西，只求专利，严守秘密，不使人知道仿作，以保存它的私利。倘科学家也像这样子发明了不肯告人，只顾私利，或想藏之名山，哪里还有进步呢？外交家有许多也不肯告人，以为知道的人多了，戏法就不灵了，鬼祟的手段就用不成功了。这样把公开的与黑幕的利害一加比较，我们自然主张公开了。

现在的时代，很有机会可以做互助的宣传事业。先有系统组织的搜集材料，再像科学家已经做过的样子，公开地宣传出去。现在的时代，物质方面可以帮助我们。电话、电报、海底电、无线电都很发达；印刷业进步，短时间内可以出许多印刷品。报纸这样多，便是需要的结果；但不能像科学家的谨慎，彼此讨论批评；现在的舆论大半乱七八糟的，不能像科学家的有系统的主张；竟有许多是有作用的宣传事业，或为党派，或为大工厂，或为旁的团体所操纵。这种宣传与我们主张的公开宣传恰相反的。

如说现在人类还不能利用舆论作宣传的机会，觉得太可笑了：如说不能利用交通方便，宣传容易，去做到应该做到的地步，也似不能相信的了。但这宣传事业不能用科学的方法采集、研究、记载、判断、解说、传播，这个事实是应该承认的。那么与规规矩矩做真的宣传事业的舆论还相差很远咧。

倘有人问我用什么方法可以使社会将来有条理秩序的进化；我的答案是利用正当的有功效的舆论机关；就是采集、研究、记载、判断、解说、传播都是正确的。舆论能够做到如此，在社会进化上自占一个重要地位。因为国民所依靠的，只是事业的光明；倘能给他们正确的事实，他的反应自然靠得住。倘或瞒住了，捏造了，变换了，哪里会有正当的反应呢？所以，民治的国家宣传事业的机关是很重要的。

再讲第三层是普及教育。这一层用不着什么讨论；只要打破古法，用科学的方法代替它：用事实教育少年，使他们了解知识思想精神的生活。所以我们讲到第三组知识思想精神的生活，不能忘了最重要的工具教育。

从前教育是用灌注的方法的；旧训成法传下来，叫小孩子装下去：这是维持旧训成法的教权。现在把教育看作改革思想的机关和工具，决不能再用灌注的旧法，却应该引出儿童个人天然的能力，使他充分发展，利用本能，逐渐至于思想判断。这个教育简直是解放，不使它受旧训的束缚。

承认教育的功用，是自古已然的；但承认教育为社会进化的工具，是很新的。现在既求社会进化，教育自应注重社会种种需要做材料，预备将来社会生活的目的。

十六　知识思想的自由

上次讨论社会生活，全靠有知识思想的生活，然后有价值。人群生活与羊群生活不同的地方即在于此。羊因为怕冷和保护自己，也有群的生活，但人群有彼此交通知识思想的生活，所以人群的生活有精神上的价值，不与羊群相同。

一切社会组织的价值，不但在物质方面，尤全在于教育方面。每种社会组织的最高价值，都是教育的价值。人家把教育的范围看得太小了，以为教育只有学校里面的；其实哪一种社会组织没有教育有影响。若社会的组织渐渐向固定的死的方面去，则教育的价值低；若社会的组织，能使知识思想感情互相交通，格外向变迁的方面走，则教育的价值自高。故社会生活不仅在衣食住，而尤在能使社会各分子有精神上的发展，才是社会组织的价值。

这些话不过是个引论，引到今天要讨论的知识思想的自由的问题。我前几次讲演权利的时候，把人格的、民事的、政治的权利都讲过了；只有知识思想的权利没有讲到，所以，留在今天讲的。我以为，各种权利的重要目的，即在保障知识思想的权利——有了各种权利，然后思想、信仰、言论、集会、出版等权利有自由发展的机会。今天讲的就是知识思想自由的所以重要。

凡是独裁政治，对于思想自由和发展思想的自由，都是很怕的。它们越怕，我们越可证明这些自由的重要。没有这些自由，则独裁政治可以安然过去，不会变动。所以，我们可以反证争得这些自由，便可帮助我们打破独裁政治的制度。此刻从反面着想，讲到知识思想自由的所以重要。

因此，可见知识思想的自由，是民治主义所不可少的。非但民治主义所不可少，独裁政治所最怕，实在是人类文明进步所必需的。人类文明的进步，全赖知识思想的自由交通。所以，要求知识思想自由，并不为个人争夺权利，实在为人类文明进步着想。

十六　知识思想的自由

有许多人说：思想自由是不怕外力干涉的。言论在外面的，可以干涉；思想在内部的，有谁可以干涉？这话其实错了。思想与发表思想很有关系的，没有发表的机会，即有思想也是无用。思想的所以发生，自有它的原因、材料和对象。人必对于外面事理有所不满意，想发表它，然后有所思想。一个人思想不甚重要的。况且思想的进步与否全视发表思想的机会之多寡，一个人思想是很模糊浅薄的。基督教、孔教的所以成为一种有条理的思想，全是演说作文发表来的。没有经过发表的手续，思想不会有系统的。从此，可以知道发表思想比个人关了门思想更为重要了。

换句话，关于发表思想，如言论、集会、出版等自由的重要，有两个理由：第一，没有发表思想的自由，则社会不能得思想的益处；没有益处，就是思想了没有效果；没有效果，何必思想；第二，没有发表思想的自由，则思想没有价值。因为思想的价值，都从外人讨论切磋比较出来的。经过这些手续，然后有系统的整理的思想。从此可知发表思想的重要了。

所谓言论自由，并不是胡说，正如行动自由不是可以乱打人一样。行动自由不是可以乱打人，那么言论自由也不是指在大庭广众劝人放火杀人了。岂但大庭广众中，就是家中，言论也应该负责，不能乱用了去妨碍旁人的自由的。

历史上讲言论自由的，大约有两层根据的理由：

第一，平常蒸汽的机器都有放气管，把它去掉，危险极大。因为里面蒸汽越积越多，倘不把“安全的门”放开，机器便要爆裂了。人类的脑子也是如此，太热了要火烧起来，不如让他在大庭广众中大演说一番。英国一个大公园里面，有一处无论什么人都可以去演说；狂人疯子也可自由发表言论。英国是得到言论自由最早的国家，它的政府知道与其禁止，不如让它自由，反而没有危险。

第二，所以要言论自由存在，较为积极的一方面。大凡政治，不外两种：一种是以威权势力压人；一种是不以威权势力而以劝导。所以，要提倡言论自由，因为劝导比威权势力的效果格外大。让他们发表，有赞成的，有反对的，然后可以看出真假利害来，再经过许多讨论，结果拿来作政策。这个初听不是很危险吗？但是，有天然的限制，不要紧的。人无论如何荒谬，不会同时许多人同样荒谬的。有一部分荒谬的时候，自然有人出来反对；讨论的结果，自然趋势总把荒谬者修正不少了。或十分荒谬者也天然淘汰了。这是言论自由的保障，可以帮助劝导的政治而没有危险。

在变迁的时代，当局的人最容易采用压制自由的政策；但是这个时代决不应该采用压制的政策，去压制主张改革的人。主张改革的人一被压制以后，必定趋于阴谋、暗杀或暴动。信仰很深而没有机会可以发泄，自然向这些旁的地方跑了。这个动摇的时候，对于思想应该因势利导；要是太荒谬了，大多数人也决不会采用它的。人类几千年下来，没有一种思想是被大炮攻破的，刀斩断的，枪打死的，倘能让它发表，或可有大多数人纠正它；越压制反越不中用了。

但是，我们要问：社会对于太激烈的主张有什么保障呢？人类大多数大概只有两种性质：（一）总是维护秩序希望治安，对于十分捣乱的主张，自然而然不会赞成的；（二）习惯的力量比思想为大，故总有惰性，觉得改了不甚方便。人类有这两层保障，无论如何的思想，决不会有危险的。但是历史上看来，有许多思想，其传播之速，竟如火的延烧、疫的传染，那是一定有特别情形或特别理由，不能相提并论的。

激烈思想传播所以如此迅速，其原因不在思想本身，而在思想以外的情境。例如最近俄国过激派传播这样迅速，我们可以断定，许多小百姓决不见得了解他们领袖人物列宁的主义学理；故其原因不在他的思想本身，而在俄国人的没有饭吃、没有衣穿、没有屋住。他们大多数人的衣食住，都为少数贵族资本家霸占去了，正在饥寒困苦的时候，自然只要几个字就可以使他们了解了。所以，原因不在思想本身，而在旁的情境造成激烈思想传播的机会。

人类的习惯心理，是希望太平维护秩序的；苟一旦竟欲破坏习惯，为少数人的思想所煽动，其罪过必在经济组织、社会情形和政治状况。当局者恐怕暴动想压制它，实在是一种梦想；因为思想本身决不能造成激烈的。其所以暴动的真原因，在乎缺乏衣食住的一点忧恨的感情；思想不过一小分子罢了。

有许多思想家政治家，希望把全国人的思想信仰归于统一，故主张排除异端邪说。不知事实上实在做不到的。社会是变迁的，至少生老死的变迁一定有的，倘大变迁的动机发生以后，想用一个思想来范围全社会全国，哪里做得到呢？捣乱分子不从思想方面来，一定从旁的方面来了。故聪明的思想家、政治家，以容忍的态度提倡思想自由。如此，还可使人类大家本希望太平爱护秩序的心理，淘汰十分危险思想的分子，而保存其可以采用的分子。倘注重一致，恐怕反而越不一致了。

一国的思想信仰大致相同，固然是很好的事；但在这个变迁时代，一致的趋势只可说是将来逐渐发展的结果，决不能硬求一致的。何以是逐渐发展的结果呢？只要让大家自由发挥思想，不合的逐渐淘汰，将来自能趋于大致相同的地步。故只可说统一是长进的结果，不能说一切思想定要就我的范围。越是硬做，便越不一致，反而产生暗杀暴动阴谋等等的结果了。

经济上的社会主义，自然有好些人反对，这因为涉及个人私利，反对却也难怪的。财产均分的问题既有许多人不情愿，但有一种大家都情愿的，就是"知识的社会主义"。财产是越分越少，知识却是越分越多的；知识分散非但无害，而且有益。提倡知识思想的自由，全在这一点信仰，就是知识思想越分越向好的方面走，决不会失败的。由此可知，知识的社会主义，大家可以公认的了。

从前讲过，批评社会政治组织的标准，只有一个，就是凡能增进共同生活，使各部分的思想感情意志格外互相交通的是好的，阻碍的是坏的。现在关于知识思想自由的问题，也仍旧用这个标准批评它的价值：知识思想能助社会共同生活，使各部分格外流通的是好的，否则是坏的。

有许多人反对民治的主张，如英国文学家卡莱尔以为民治就是谈话的政治，因为"parliament"（议会）这个词，是从法文"parlet"（谈话）这个词来的。找数百个人空谈，也可以算得政治吗？这可以代表反对民治的讲法。但是，卡莱尔错了，把言论看得太轻了。言论的所以重要，在乎大家发表思想，互相讨论研究，结果把思想格外改良：越加研究讨论，则事理越加明白；意见越多，则改良的机会也越多。卡莱尔因此看轻它，确是一种浅薄的成见，没有见到根本观念。

老实说，一个政府越是禁止知识思想的自由，它的政治越成为谈话的政治。为什么呢？因为政治有两种，一种用武力，一种用劝导，倘不用物质上的武力而用劝导，则研究讨论的结果，越能做到民治主义的理想。谈话就是不专靠武力而靠精神方面知识思想的力向共同生活的目的进行。

现在把这个讲演总结起来，还回到民治和教育的关系。民治的根本观念便是对于教育有很大的信仰。这个信仰便是认定大多数普通人都是可以教的，不知者可使他们知，不能者可使他们能，这是民治的根本观念。民治便是教育，便是继续不断的教育；出了学校，在民治社会中服务，处处都得着训练，与在学校里一样。个人的见解逐渐推到全社会、全世界：结果教育收功之日，即全世界共同利害的见解成立之日，岂但一国一社会的幸福而已。

全世界共同利害见解的养成，便是精神的解放；这个观念很为重要，到那时候全人类都有此共同心理。我们为民治主义奋斗的人，亦可略为安慰，因为结果不但为了社会经济等等的制度，还替人类的精神大大解放。

中国人
眼中的杜威

在杜威博士之六十生日晚餐会上之演说

蔡元培

今日是北京教育界四团体公祝杜威博士60岁生日晚餐会。我以代表北京大学的资格，得与此会，深为庆幸。我所最先感想的，就是博士与孔子同一生日。这种时间的偶合，在科学上没有什么关系。但正值博士留滞我国的时候，我们发现这相同的一点，我们心理上不能不有特别的感想。

博士不是在我们大学说，现今大学的责任就该在东西文明做媒人么？又不是说博士也很愿分负此媒人的责任么？博士的生日，刚是60次；孔子的生日，已经过2 470次，就是41又10个60次。新旧的距离很远了。博士的哲学，用19世纪的科学作根据：由孔德的实证哲学，达尔文的进化论，詹美士的实用主义递演而成的，我们敢认为西洋新文明的代表。孔子的哲学，虽不能包括中国文明的全部，却可以代表一大部分，我们现在暂认为中国旧文明的代表。孔子说尊王，博士说平民主义；孔子说女子难养，博士说男女平权；孔子说述而不作，博士说创造。这都是根本不同的。因为孔子所处的地位时期与博士所处的地位时期，截然不同，我们不能怪他。但我们既然认旧的亦是文明，要在它里面寻出与现代科学精神不相冲突的，非不可能。即以教育而论，孔子是中国第一个平民教育家。他的三千个弟子，有狂的，有狷的，有愚的，有鲁的，有辟的，有喭的，有富的如子贡，有贫的如原宪；所以东郭子思说他大杂。这是他破除阶级的教育主义。他的教育用礼、乐、射、御、书、数的六艺做普通学；用德行、政治、言语、文学的四科做专门学。照《论语》所记的问仁的有若干，他的答语不一样；问政的有若干，他的答语也不是一样。这叫作是“因材施教”。可见他的教育，是重在发展个性，适应社会，决不是拘泥形式，专讲划一的。孔子说：“学而不思则罔，思而不学则殆。”这就是经验与思想并重的意义。他说：“多闻阙疑，慎言其余；多见阙殆，慎行其余。”这就是试验的意义。我觉得孔子的理想与杜威博士的学说很有相同之点。这就是东西文明要媒合的证据了。但媒合的方法，必先要领会得西洋科学的精神，然后用它来整理中国的旧学说，才能发一种新义。如墨子的名学，不是曾经研究西洋名学的胡適君，不能看得十分透彻，就是证据。孔子的人生哲学与教育学，不是曾经研究西洋人生哲学与教育学的，也决不能十分透彻，可以适用于今日的中国。所以我们觉得返忆旧文明的兴会，不及欢迎新文明的浓至。因而对于杜威博士的生日，觉得比较那尚友古人尤为亲切。自今以后，孔子生日的纪念，再加了几次或几十次，孔子已经没有自身活动的表示；一般治孔学的人，是否于社会上有点贡献，是一个问题。博士的生日，加了几次以至几十次，博士不绝地创造，对于社会上必更有多大的贡献。这是我们由博士已往的历史可以推想而知的。兼且我们作孔子生日的纪念，与孔子没有直接的关系；我们作博士生日的庆祝，还可直接请博士的赐教。所以对于博士的生日，我们觉得尤为亲切一点。我敬敢代表北京大学全体举一觞祝杜威博士万岁！

1919年10月20日

（原载《蔡元培选集》）

杜威先生与中国

胡　适

杜威先生今天离开北京，起程归国了。杜威先生于民国八年（1919）5月1日（应为4月30日，胡适记忆有误——编者

注）——“五四”的前三天——到上海，在中国共住了两年零两月。中国的地方他到过并且讲演过的，有奉天、直隶、山西、山东、江苏、江西、湖北、湖南、浙江、福建、广东11省。他在北京的五种长期讲演录已经过第10版了，其余各种小讲演录——如山西的、南京的、北京学术讲演会的——几乎数也数不清楚了！我们可以说，自从中国与西洋文化接触以来，没有一个外国学者在中国思想界的影响有杜威先生这样大的。

我们还可以说，在最近的将来几十年中，也未必有别个西洋学者在中国的影响可以比杜威先生还大的。这句预言初听了似乎太武断了。但是我们可以举两个理由：

第一，杜威先生最注重的是教育的革新，他在中国的讲演也要算教育的讲演为最多。当这个教育破产的时代，他的学说自然没有实行的机会。但他的种子确已散布不少了。将来各地的“试验学校”渐渐地发生，杜威的教育学说有了试验的机会，那才是杜威哲学开花结子的时候呢！现在的杜威，还只是一个盛名；10年20年后的杜威，变成了无数杜威式的试验学校，直接或间接影响全中国的教育，那种影响不应该比现在更大千百倍吗？

第二，杜威先生不曾给我们一些关于特别问题的特别主张——如共产主义，无政府主义，自由恋爱之类——他只给了我们一个哲学方法，使我们用这个方法去解决我们自己的特别问题。他的哲学方法，总名叫作“实验主义”；分开来可作两步说：

一、历史的方法——“祖孙的方法”。他从来不把一个制度或学说看作一个孤立的东西，总把它看作一个中段：一头是它所发生的原因，一头是它自己发生的效果；上头有它的祖父，下面有它的子孙。捉住了这两头，它再也逃不出去了！这个方法的应用，一方面是很忠厚宽恕的，因为他处处指出一个制度或学说所以发生的原因，指出它的历史的背景，故能了解它在历史上占的地位与价值，故不致有过分的苛责。一方面，这个方法又是最严厉的，最带有革命性质的，因为他处处拿一个学说或制度所发生的结果来评判它本身的价值，故最公平，又最厉害。这种方法是一切带有评判（Critical）精神的运动的一个重要武器。

二、实验的方法。实验的方法至少注重三件事：（一）从具体的事实与境地下手；（二）一切学说理想，一切知识，都只是待证的假设，并非天经地义；（三）一切学说与理想都须用实行来试验过；实验是真理的唯一试金石。第一件——注意具体的境地——使我们免去许多无谓的假问题，省去许多无意义的争论。第二件——一切学理都看作假设——可以解放许多“古人的奴隶”。第三件——实验——可以稍稍限制那上天下地的妄想冥思。实验主义只承认那一点一滴做到的进步——步步有智慧的指导，步步有自动的实验——才是真进化。

特别主张的应用是有限的，方法的应用是无穷的。杜威先生虽去了，他的方法将来一定会得更多的信徒。国内敬爱杜威先生的人若都能注意于推行他所提倡的这两种方法，使历史的观念与实验的态度渐渐地变成思想界的风尚与习惯，那时候，这种哲学的影响之大，恐怕我们最大胆的想象力也还推测不完呢。

因为这两种理由，我敢预定：杜威先生虽去，他的影响仍旧永永存在，将来还要开更灿烂的花，结更丰盛的果。

杜威先生真爱中国，真爱中国人；他这两年之中，对我们中国人，他是我们的良师好友；对于国外，他还替我们做了两年的译人与辩护士。他在《新共和国》（*The New Republic*）

和《亚细亚》（*Asia*）两个杂志上发表的几十篇文章，都是用最忠实的态度对于世界为我们作解释的。因为他的人格高尚，故世界的人对于他的评判几乎没有异议（除了朴兰德一流的妄人）。杜威这两年来对中国尽的这种义务，真应该受我们很诚恳的感谢。

我们对于杜威先生一家的归国，都感觉很深挚的别意。我们祝他们海上平安！

1921年7月11日

杜威

在华讲演年表

1919年

4月30日，杜威偕其夫人爱丽丝（Alice）与女儿露茜（Lucy）抵上海。北京大学代表胡適、江苏省教育会代表蒋梦麟、南京高等师范学校代表陶行知等人在码头欢迎。

5月3日，杜威偕其夫人到江苏教育会演讲，由蒋梦麟翻译，讲演的题目是《平民主义的教育》。

5月4日，在北京爆发了闻名于世的五四运动。杜威在江苏教育会继续讲演《平民主义的教育》。

5月7日，到浙江省教育会讲演《平民教育之真谛》。

5月18—21日、24—26日，在南京高等师范讲演，由陶行知等翻译。

5月29日，杜威夫妇到天津。胡適在天津迎候。

6月5日，杜威夫妇到达北京。

6月8、10、12日，杜威讲演《美国之民治的发展》。由胡適翻译。

6月17、19、21日，应京师学务局邀请到北京美术学校对中小学教职员讲演《现代教育的趋势》，由胡適翻译。

8月10日，应新学会的请求，下午2时在北京化石桥尚志学校讲演《学问的新问题》。由胡适担任翻译。

9月20日起，在北京大学法科大礼堂讲演《社会哲学与政治哲学》，由胡适担任翻译。

9月21日起到次年2月20日，在教育部会场讲演《教育哲学》，由胡适翻译。

10月7日起，在太原讲演《世界大战与教育》《品格之养成为教育之无上目的》《教育上的自动》《教育上试验之精神》《高等教育的职务》。

10月15日起，在北京讲演《伦理讲演纪略》。

12月，继续在北京大学法科大礼堂作《思想之派别》的演讲，在法科大礼堂讲演《社会哲学与政治哲学》，在教育部会场作《教育哲学》的演说。此外还继续作伦理演讲。

12月17日，北京大学举行22周年纪念会，应蔡元培校长之请作《大学与民治国舆论的重要》的演说。

12月24—29日，在济南讲演《新人生观》等。

1920年

1月，继续在京进行《社会哲学与政治哲学》《教育哲学》

《思想之派别》等讲演。

3月5日，在北京大学法科礼堂开始作《现代的三个哲学家》的讲演。

4月，由新教育共进社公请南下讲演，时间从1920年4月1日—6月30日，行程安排是：4月起在南京高等师范学校讲演，专设讲席一个半月，讲演《教育哲学》《哲学史》与《试验伦理学》。同时还在南京进行其他的一般讲演。5月后到各地讲演。

5月7—8日，应江苏教育厅邀请，在南京高等师范学校演讲《社会进化之标准》《近代教育之趋势》《普通教育》《教育者之天职》。

5月18日，在镇江讲演《学生自动之真义》《教育家之天职》。

5月20日，在扬州大舞台讲演《教育与社会进化底关系》《“自动”底真义》。

5月25—26日，在常州演讲《学校与环境》《学生自治之真义》《新人生观》《青年道德之修养》

5月29日—6月3日，在上海演讲《教育者之天职》《职业教育之精义》《职业教育与劳动问题》《专门教育之社会观》《科学与人生》《新人生观》《国家与学生》《社会进化》《公民教育》《德谟克拉西之意义》。

6月4—6日，在南通演讲《普通教育与职业教育之关系》《教育者之责任》。

6月10—14日，在杭州讲演《小学教育之新趋势》《社会哲学与政治哲学》《社会主义与社会进步》《德谟克拉西的真义》《德谟克拉西的社会分子应有的性质》《科学与人生之关系》《造就发动的性质的教育》。

6月17—19日，在徐州演讲《教育的新趋势》《教材的组织》。

6月21—26日，在无锡演讲《试验主义》。

6月28日起，在苏州讲演《教育者的责任》《教育与实业》《学校与社会》。

10月25日，湖南省教育会于10月25日—11月4日举行盛大的讲演会。邀请国内外著名人士杜威、罗素、蔡元培、章太炎、胡適、张东荪、李石岑、吴稚晖、杨端六等人到湘讲演。胡適因病没应邀南下。杜威夫妇25日上午11时乘火车抵长沙。

10月26日开始，讲演《教育哲学》《学生自治》《教员是领袖或指导员》《科学与近世文化之关系》《讨论学生毁偶像事》。

11月2日，下午4时，乘坐沙市轮船往湖北汉口。

1921年

4月14—22日，在福州讲演《自动的研究》《民治的意义》《国民教育与国家之关系》《自动与自治》《美国教育会之组织及其影响于社会》《大学的旨趣》《教育与实业》《天然环境社会环境与人生之关系》《习惯与思想》《民本政治之基本》。

4月29日—5月2日，在广州演讲《自动道德之重要原因》《学校与社会》《西洋人对于东洋人之贡献》。

6月22日，北京高等师范礼堂作归国之前的最后讲演《教师职业的现在机会》。

5月后—离京回国前，曾偕夫人第二次到山东济南讲演。杜威在济南作了《教育者的工作》《教育之社会的要素》《学校科目与社会之关系》《学校的行政和组织与社会之关系》《教育心理的要素》《学校与社会的关系》等演讲。

7月11日，上午10时离京赴山东。

8月2日，离开青岛，转经日本返回美国。

图书在版编目(CIP)数据

杜威：教育即生活／康桥主编．—上海：上海辞书出版社，2014.7(2023.5 重印)
(亲历中国丛书)
ISBN 978-7-5326-4177-2

Ⅰ.①杜… Ⅱ.①康… Ⅲ.①杜威，J.(1859—1952)-传记 Ⅳ.①B712.51

中国版本图书馆 CIP 数据核字(2014)第 103511 号

亲历中国丛书
杜威：教育即生活
康　桥　主编

策划统筹	朱志凌	**篆　　刻**	潘方尔
责任编辑	朱志凌	**封面设计**	零贰壹肆设计工作室
文字编辑	李婉青	**版式设计**	姜　明
技术编辑	楼微雯		

出版发行 上海世纪出版集团
上海辞书出版社(www.cishu.com.cn)
地　　址 上海市闵行区号景路 159 弄 B 座(邮政编码：201101)
印　　刷 浙江经纬印业股份有限公司
开　　本 787 毫米×1092 毫米　1/32
印　　张 9　插页 4
字　　数 148 000
版　　次 2014 年 7 月第 1 版　2023 年 5 月第 2 次印刷
书　　号 ISBN 978-7-5326-4177-2/K·967
定　　价 66.00 元

本书如有质量问题，请与承印厂质量科联系。T：0576-83170033